郑仁强 著

中国商业出版社

图书在版编目（CIP）数据

有效奋斗 / 郑仁强著. -- 北京：中国商业出版社，2020.6

ISBN 978-7-5208-1246-7

Ⅰ.①有… Ⅱ.①郑… Ⅲ.①社会阶层—研究—中国 Ⅳ.①D663

中国版本图书馆CIP数据核字（2020）第165189号

责任编辑：朱文昊　黄世嘉

中国商业出版社出版发行
010-63180647　www.c-cbook.com
（100053　北京广安门内报国寺1号）
新华书店经销
河北盛世彩捷印刷有限公司印刷

＊　＊　＊

880毫米×1230毫米　32开　6.5印张　125千字
2020年6月第1版　2020年6月第1次印刷
定价：49.80元

＊　＊　＊　＊

（如有印装质量问题可更换）

前　言

当下社会，若是说哪个词最能引起人们的振奋之情，那无疑就是"成功"了。在大多数人眼中，成功与财富、地位等紧密相连。一些人认为，我经过自己的努力和奋斗，实现了我的人生目标，跨上了新的台阶；我挣了很多钱，积累了很多财富，我就能过上理想的生活。也有一些人还存在着"寒门难出贵子""拼自己不如拼爹"等消极论调。这种消极的论调，影响了一些年轻人，让他们失去了奋斗的动力。但是，在你内心充满焦虑的时候，你是否认真地审视过自己。

你是否还在一边啃老，一边抱怨自己的父母？

你是否还在一边打游戏，一边抱怨自己怀才不遇？

你是否还在一边混日子，一边抱怨老板不给自己升职加薪？

这些所谓的理由，不过是有些人不想努力的借口。为了让更多的年轻人认清这一点，找到奋斗的途径，通过有效奋斗，实现心中的目标，我创立了一套"我是黑马进化体系"。

我是黑马进化体系共分成三个部分：黑马家学、黑马商学和黑马绝学。黑马家学致力于为富有潜能的家庭提供现代版太子太傅式的私塾教育，黑马商学致力于为富有潜能的创业者提供幕僚谋士服务，黑马绝学致力于培养精英中的精英。

所谓家学，就是家中世代相传的学问。这种学问，源远流长，不仅是家族的一种荣耀，不夸张地说，更是一个家族绵延不绝、兴旺发达的家风和精神。这种学问，学校是教不了的，一般只能由富有智慧的父亲、母亲或者家族内德高望重者耳提面命。我理解的家学，不是一门显性的学问。家学是一位住在我辈中人内心深处的智者，他历经沧桑，勇敢豁达；他见多识广，眼光独到；他通晓人性，崇尚科学；他洞穿世事，人情练达；他明察秋毫，目光如炬。他是孔子、老子、韩非子、鬼谷子这些往圣先贤的最大公约数，他是经无害化处理的微缩版"屠龙术"。

相信很多人都听过点石成金的故事。我们知道，金子不重要，重要的是那根能点石成金的手指。结合当今社会现实，我想说的是，无论你是家财万贯的富二代还是普通工薪家庭的孩子，最重要的是要有一根能点石成金的手指，一套即使遭遇挫折、跌落也能东山再起、咸鱼翻身的奋斗精神和思维方式。如果你只有财富，而无点石成金的方法，总有一天会没落。如果你有点石成金的方法，即使现在一贫如洗，只要有效奋斗，也能成为他人眼中的成功人士。而"黑马家学"就是这种点石成金的方法，是年轻人通向成功的途径。

家庭教育界派系林立，百花齐放，百家争鸣，而"黑马家学"是较为特别的一支。"黑马家学"同其他家庭教育派系最大的分歧，在于对幸福快乐的定义和获取途径上。其他家庭教育派系的核心价值在于"幸福快乐最重要,奋斗和成功不重要"。而"黑马家学"不仅不这样认为,而且对这种所谓"快乐教育"不以为然。

《有效奋斗》是"黑马家学"的第一本书,讲的都是逆袭奋斗最基本的一些观念和方法。这并不是鸡汤成功学,因为我自己就是这样奋斗过来的。我希望可以用这本书把"黑马家学"传递给当下的年轻人,让他们找到自己的奋斗方向,找到通向成功的钥匙。

也许很多人读完这本书都会发出类似"这些道理我都知道,还用你说"的感叹,这并不奇怪。当下的年轻人读过很多书,走过很多路,看过很多的人生,也懂得很多的道理,但是你是否付出了行动呢?停留在口头上的梦想永远只能是梦想,只有在正确的方向上努力奋斗,才能活出不一样的精彩人生。

郑仁强

2020年4月

目　录

第一讲
向前一步，走出当下困局

1. 承认吧，你是一个普通人 — 003

2. 别灰心，他们和你差不多 — 008

3. 认清自我，明确自身位置 — 013

4. 设定有效目标，突破进阶天花板 — 019

5. 你所谓的自尊，不过是玻璃心 — 025

6. 别被父母绑架，我的人生我做主 — 030

7. 勇敢走出舒适区，才能活出精彩 — 035

第二讲
认知升级，跨出思维误区

1. 限制你的不是能力，而是懒惰 — 043
2. 不是没有机会，而是你活得太丧 — 049
3. 熬一碗鸡汤，激发内心正能量 — 054
4. 找个精神导师，提升自身层次 — 060
5. 过什么样的人生，取决于和谁在一起 — 066
6. 哪有什么天才，只不过是刻意练习 — 071
7. 警惕消费主义，树立正确的消费观 — 080

第三讲
终身教育，打通向上通道

1. 你参加的不是高考，而是改变命运的机会 — 087
2. 报考专业别盲目，提前做好调研 — 092
3. 锚定行业周期，选对合适的专业 — 096
4. 别被专业限制，英雄从不问出处 — 099
5. 机遇与风险并存，新专业报考需谨慎 — 103
6. 大学四年如何度过，做好规划逆袭人生 — 107
7. 只有不断学习，才能跨上更高的台阶 — 112

第四讲
美满婚姻，人生跨越的保障

1. 最优停止理论，找到自己的"Mr.right" — 119
2. 追求优势互补，提升婚姻幸福指数 — 124
3. 婚前调查有必要，避免陷入婚姻困境 — 128
4. 婚姻是长线投资，增值资产很重要 — 133
5. 打破虚幻泡沫，婚姻要回归现实 — 139

第五讲
有效奋斗，走上成功之路

1. 用发展眼光看问题，行业前景更重要 — 147
2. 别拿兴趣当理想，能力才是成事的关键 — 153
3. 主动做出改变，才能获得更好的发展 — 157
4. 学会抱大腿，你才能成为"大腿" — 163
5. 打造个人品牌，让自己立于不败之地 — 170
6. To B 经济时代来临，财富自由很简单 — 177
7. 给你一个杠杆，你也能撬动财富 — 181
8. 冒险不是赌博，而是负责任的精进 — 189
9. 开启斜杠人生：无边界，更精彩 — 193

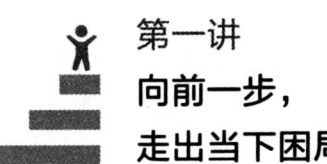

第一讲
向前一步,
走出当下困局

1. 承认吧，你是一个普通人

从留传下来的文字看，最狂妄的名言出自尼采之口。这位介乎天才与疯子之间的哲学家在著作《查拉图斯特拉如是说》里这样写道："假使有神，我怎能忍受我不是那神，所以没有神！"类似的话，我的一位东北老乡也曾说过："假使铁岭有吴彦祖，怎么可能不是我，所以铁岭没有吴彦祖。"可狂妄如尼采，也曾在夜半独处时袒露心迹，表达自己对"人间小确幸"的渴求："对于平凡人来说，平凡就是幸福。"

尼采的这句话说得既真诚又发人深省，可惜世间众生，多半仍在梦中，并没有醒，有的甚至还打起了呼噜，说起了梦话。我的一位学员小Q以前就是如此。

在小Q的"杀马特时代"，很长一段时间内，他都认为自己是"天选之子"，自己的出生是"天为神州降此童"，一句话，自己是带着使命来的，和碌碌众生不一样。腿上的一块胎记成了小Q心里的证据："这应该就是我的封印吧？"秉持着这种念头的他，心中的偶像是自称为"神"的尼采，而不是说"平凡就是幸福"的尼采。

可在出走半生，历经了无数次的挫折之后，小Q终于承认自己头顶只有头屑，没有光环。季羡林的那句"对世界上的绝大多数人来说，人生一无意义，二无价值"也成了他的座右铭。

曾经的小Q一去不返，自视高明的人却仍旧大有人在，从像哈士奇一般目中无人的眼神就能看出来，他们和过去的小Q是一类人，也觉得自己和神有点儿血缘关系。我估算了一下，约十分之七的人都是这样的想法。

而科学数据表明，普通人在人群中的占比高达七成，智商明显优于常人的群体只占14%。也就是说，自视高明的人往往就是那些长相欠佳、家境一般、头脑欠发达的普通人，这真是上帝开的一个玩笑。

不过现在还不到绝望的时候，比这更绝望的是，大多数人根本无法看清这一残忍的真相。

前段时间，我在一位学员口中听到了一位大学生的故事，这位学员是一家新媒体公司的HR，大学生是求职者。在交代岗位要求时，学员依照惯例说了一句："因为我们的文章将来要结集成书，所以对文笔还是有一定要求的。"没承想，这句简单的话触到了对方的逆鳞，大学生阴阳怪气地回复道："我的文笔不好，无法达到您的要求，小人不才，只是给市刊供过稿，还即将要出版第一本短篇小说集而已。"后来学员无意中得知，他只是给市里某家行将倒闭的儿童刊物供过稿，短篇小说集则完全是自费出版。

他的文笔说不上好，也谈不上差，如果勤勉一些，应该能有一份相对体面的工作。可是他觉得以自己的才华，屈居人下简直是暴殄天物，给别人撰稿也是浪费才情。

他书读得不多，理由是垃圾太多，很多经典都难入他的法眼。

毕业之后,他把自己锁在家里,扬言要写出一本自己的《阿Q正传》。他在把自己的短篇小说集寄给出版社时,号称自己写出了当代《彷徨》,书里的第一篇就是《阿Q正传》。碰过几次钉子之后,他只好用他父母的钱,自费把书印了几百册,然后回到他那间不到20平方米的出租屋里继续做梦。

这位同学的"病症"引出了一个叫"自我服务偏见"的概念,它的意思是人们常常会主观地抬高自己,把自己粉饰、幻化、增色,刻画成一个比原来伟岸得多的形象。对自己"服务"过多的人,会把成功归因于自己,把失利推卸给外界。他们会说球场不行、队友不行、大环境不行,唯独不会说自己不行。所以近百年来,我们听过的怀才不遇的故事很多很多。而仅就我见过的所谓"大才",其实都以"废材"居多,只是这些人被偏见冲昏了头脑,不愿面对真正的自我而已。

平庸不是原罪,平庸而不自知也很正常,可平庸之辈妄想走捷径却是世间最大的荒诞。这些人一生碌碌无为的原因很简单:本是血肉之躯,偏偏想要比肩神明,不肯付出血汗,试图抄小路一步登顶,结果事与愿违。

高考一事最能说明这个道理,曾有人做过调查,最终得出结论:高考本质上并不是一场智力比拼,它甚至无须学生动用太多的聪明才智,只要花费一定的精力弄懂教材上的内容,就可以考上本科。如果继续精进,在一些拔高题上寻求突破,就有机会冲击211院校。这只是一种美好的祈愿。因为有太多"聪明人"的理想是横扫天下，根本不屑于在书本上耽搁时间。这些人满载着成为人上人的幻梦，只能以普通人的身份混迹社会。

我的观点用周星驰电影里的一句台词就可以概括，那就是"矮要承认，挨打站稳"。承认吧，你就是一个普通人。不过，承认不等于放任，天才可以凭借灵感乍现一步登天，而"登门槛效应"提醒我们，步步为营也可以抵达人生的彼岸。把这一效应延伸一下，其实正揭示了寻常人的登顶之道：即稳扎稳打。天才并不只有一种，努力型天才也是天才。

数据显示，各个领域的佼佼者，未必都是我们想象中的天生奇才，很多人只是老老实实地不断向上攀登，靠重复积聚了无穷的力量。用欧阳修笔下卖油翁的话说就是，"无他，唯手熟耳"。

想要达到这种境界，首先要治好自己身上"我是个天才"的毛病，对于这一点，我个人有一点心得体会，那就是主动和那些真正的天才比上一比。譬如我有一位学员在大学时经常无端地认为自己的文笔好，是天赋型创作者。直到后来，他认真读过26岁的王勃写的《滕王阁序》，23岁的曹禺写的《雷雨》，18岁的萨冈写的《你好，忧愁》，自傲心理从此一扫而光。这时他才明白，在真正的天才面前，自己连蠢材都算不上。天才，既能叫人仰望，也能教人做人。他是幸运的，在洗心革面之后，再也不敢以"有天赋"自居，最后成了一家杂志社的主编。

认识到自己的渺小之后，便只剩下一件事要做，那就是持续不断地下苦功夫。英国的大贤罗素，号召人们不计成败地追求客观真理，普通人难以望其项背，达到这种"至纯"的境界。但在出成果之前的慢启动阶段，急于求成是一定要不得的。洛克定律揭示了最简单的人生道理：确定目标，然后专注行动。专注是失败最大的苦主，有了量变的积累才能产生质变，书读百遍方能其义自现。在这个浮躁的快节奏时代，只有那些真正慢下来的人，才能不慌不忙地走到最后。

荀子曾在《劝学》中说："蚓无爪牙之利，筋骨之强，上食埃土，下饮黄泉，用心一也。"在这个管网红叫老师的时代，蚯蚓其实才是我们最好的老师。

2. 别灰心，他们和你差不多

下海热已经过去30年，做买卖的商贩却日渐增多，而且卖的东西五花八门。卖惨者有之，卖情怀者有之，卖人设者有之，卖焦虑者有之。焦虑是一个永恒的命题。各个时代的人都有自己的焦虑，公元626年的李渊因皇子内斗而焦虑；18世纪的法国人民因无休止的革命而焦虑；今天的未婚男士因为未来丈母娘的要求而焦虑。这些焦虑都是主动的，无须他人告知便会产生的。

而贩卖焦虑的"焦虑"则是另外一个品类。这类焦虑的特点是也许存在，也许不存在，也许压根是一种莫须有的存在。它们由公知、自媒体、博主以及其他社会闲散人员创造、发酵、兜售，核心观点用一句话就可以概括：世界很残酷，人类很渺小，不努力会死，努力还是会死。这些言论因为带着深刻的宿命论味道，很容易被人们相信。这也正常，如果一个人连吃泡面都不舍得配榨菜，那自然会对"您幸福吗"这类问题嗤之以鼻孔。

2016年，王健林董事长的小目标语录大火，当时有位学员私信给我："老师，我好焦虑啊，人家的小目标是先挣一个亿，我的小目标是先用借呗还清花呗。"当时我的想法是，此人年纪轻轻就懂得围魏救赵，是个人才。

这位学员的"焦虑"无意中点破了所有焦虑的根源，同时也戳穿了所有自媒体贩卖焦虑的套路：那就是把更高层级的人当成自己的比较对象。常看这类文章的读者不妨顺着我的思路想一下，你是否经常会被"别人家的孩子""别人家的老公""别人家的父母"或是"别人家的25岁"刺痛玻璃心？你是否曾被"你的同龄人正在抛弃你"这类耸人听闻的标题吓到险些大小便失禁？你是否曾因自己活得还不如一条狗而黯然神伤？

你们（还有某一刻的我）为何会如此失态，原因就是前面说过的挑错了竞争对手，把极端案例当成了常态。一些自媒体软文所描写的其实不过是极个别的现象，却偏偏以常态化的口吻讲述出来，给读者营造出一种"举世皆富你独穷"的错觉。网上风传王思聪王校长在创业之初得到了他父亲"五个小目标"的启动资金支持，这就已经足以让人羡慕嫉妒恨了，而在某些自媒体人的笔下，至少有几百万人能享受到类似的待遇，读者看了不狂躁才怪。而实际上，春风得意的人并没有那么多，大多数人都和你一样，一边拼命活着一边不想活了。近两年"二八定律"的概念被各类公众号反复咀嚼，已经被嚼烂了。二八定律是意大利的一位经济学家提出来的，某次，他无意中发现地里20%的豌豆荚带来了80%的豌豆产量，二八定律由此诞生。它指的是投入产出、努力收益、原因结果间的不平衡现象，落实到社会上，就是20%的人掌握着80%的财富。

焦虑真正的根源还是人们的错误认知：那就是挑错了比较的对象。

2015年，在一年一度的高考结束之后，我曾经在一个月的时间里至少和几十位准大学生进行了面谈。这些学生大多来自小城市的中产阶层家庭，高考分数基本在450分上下徘徊。他们家境相仿，分数相当，就连困惑都大同小异。

这些学生的困惑用一句话就可以概括：老师，我只考了450分，该怎么和那些650分的学生竞争呢？后来问这类问题的学生越来越多，我索性把所有人聚在一起，给他们上了一节"大课"。"同学们，650分的考生对你们构不成威胁，你们的竞争对手是坐在你身边的人。"听到这句话，他们彼此打量了一番，空气中瞬间充满了敌视的味道。

这句话我可以展开一下送给所有人，你们的竞争对手是你的同事、同学、同乡，也就是那80%的人，而不是成功学书籍中的范例、新闻报道里的传说以及出生在罗马的富二代。和你构成直接竞争关系的人，形象大多是这样的："能坐着绝不站着，能躺着绝不坐着""智商刚刚过及格线却自视为诸葛在世""双脚踩在地上心思却已飞到天上"……天资平庸，却因自视甚高而不肯努力导致碌碌无为，是这些人最显著的特征。

身为人生导师，我没有义务为学员营造岁月静好的错觉，也不会无聊到为学员虚拟出遥不可及的竞争对手。你的竞争对手都是看得见的，就在你的周围，和你共同呼吸，历经着相似的命运。说句略显狂妄的话，在这群人中间，做到鹤立鸡群并不是难度系数多高的事。

第一讲　向前一步，走出当下困局

我并非在简化生活，粉饰太平。多年人生导师的从业经验告诉我，对一个人的人生最不认真的，往往就是他自己。好多人都是柔软易推倒体质，宁愿被生活蹂躏得瘫作一团，也不愿意反守为攻。在一群伪娘中间，只要你稍微硬气一点，就有机会成为"史泰龙"或"北野武"。

某位野生社会学家说："在这个大部分人原地踏步或退步的社会，你只要稍微努力一点，就能超过60%的人。"我比他保守一点儿，但认为碾压半数以上的人是没有问题的。在"稍微努力一点"的基调下，如果你能清楚地意识到自己没钱，并去努力赚钱，好好攒钱，而不是整天觉得社会欠你钱，就有机会超过社会上80%的人。

怎么样，听了这些话，是不是觉得自己仿佛奔跑在"希望的田野上"？可是你想必已经看到我给出的限定条件——80%的人。也就是说，另外的20%，光靠努力是很难超越的。

《人类简史》说，我们在这几百年来创造出的价值，已经远超过去几亿年文明的成果。然而社会整体财富的激增并没有掩盖我们在玩一个零和游戏的本质。在零和博弈中，双赢是绝不可能存在的，有输有赢才是常道。绝对赢家加绝对输家，构成了我们生存的整个世界。而被赢家统治，就是80%的人的命运。这里的统治并非指奴役，而是创造出的资源被攫取。

听起来这似乎是一个令人绝望的现实，但这不过是普通人的杞人忧天。正如前文所说，那些生在罗马的人并非你的竞争对手，你要干掉的，是那些和你一样正奔向罗马的人。

所以，别灰心，别焦虑，别挑错对手，别好高骛远。珠峰不是你的目标，有生之年，你能爬上泰山，就可以做到"一览众山小"了。

3. 认清自我，明确自身位置

作为一个心中充满爱的人，我很希望佛家讲的众生平等能够成为现实，可所学知识告诉我，佛家内部也是存在佛、菩萨、罗汉这些等级的。罗汉在佛教谱系里，地位和基层人员差不多。法国先贤伏尔泰强调天赋人权，却又在私下里和友人说："我承认有自由这回事，但一定不会和我的仆人说，免得他杀了我。"据赫拉利在《人类简史》中的说法，人类（智人）在一开始是平等的，大家都以狩猎采集为生，摘点野果，吃点野味，住的都是洞穴，穿的都是皮草。无人催你交房租，无人喊你还花呗，无人逼你"996"，无人给你贴标签。

然而那时的光景是短暂的，自从发生"认知革命"，人类有了征服和统治思维以后，就走上了"先征服植物，再征服动物，最后征服自己"的不归路。

下面，以美国为例，主要以收入水平和财富积累为标尺，丈量一下美国各个社会阶层。在过去，我们常说美国有个华尔街。今天，我们说华尔街里有个美国。手中持有美元的人，在某种程度上已经能主宰美国国运。

美国社会可以分为三个阶层：贫困阶层、小康阶层和成功人士。如果精细一点儿，美国社会其实共分为六个层级。

第一个层级名曰权贵阶层，又称为名门望族阶层。这一阶层被人们习惯性地称为看不见的顶层，财富来源主要靠继承。从爷爷辈传到孙子辈，代代绵延，香火不熄。比如大名鼎鼎的杜邦家族，从1802年起做化学品发家，到今天已经足足有210多年，每一代继承人都是商界大鳄。德国有一部描述社会阶层的纪录片《不平等：财富如何变成权力》，其中的第一等人根本意识不到阶层的存在，他早已习惯了自出生起便拥有世俗之人竭尽全力拼抢的一切。不过这些人可不只是有钱，还具有能决断他人命运的能力和广泛的社会影响力。这个阶层主要的成员就是你能叫得上来的名门望族。除了上面提过的杜邦家族，还有林肯家族、布什家族、高盛家族、罗斯柴尔德家族等。

第二个层级叫精英阶层，近两年我时常能听到某些远涉重洋来到华夏的"洋垃圾"自称美国精英，其实这是一个很不准确的说法，因为这些人在美国根本迈不过精英阶层的门槛。

精英阶层包括大商人、业界领袖和政界高官。美国现任总统特朗普，原来就是地道的精英阶层。与真正的豪门相比，特朗普家族的发迹史尚短，向上追溯，最多到特朗普爷爷那一辈。当年加州兴起淘金热，别人都盯着挖金矿，他的眼界先人一步，开始为淘金者服务。后来他的儿子弗雷德·特朗普则回到纽约搞起了房地产，并在去世后把衣钵传给了唐纳德·特朗普。特朗普之所以出来竞选，其实是为了改变家族的命运，从富商蜕变为在政商两界均有极大影响的权贵阶层。

紧随精英阶层之后的，是小资产阶层。小资产阶层的特点和过去的小资本家有点像，高级打工仔和小商人都属于这个阶层。这个阶层已经基本脱离财富封锁线，可以开始沉迷于大多数人一辈子都无福消受的"低端"享受。坦诚地说，小资产阶层就是普通人所能接触到的"有钱人"，这些人手里的钱，一部分源自继承，一部分靠双手得来。与前两个阶层相比，他们的财富和地位都要逊色很多，但高调指数却有过之而无不及，属于典型的被仇富阶层。

中产阶层是大多数人努力的目标，有房、有车、有少量存款、有一份看起来体面的工作是这一阶层的特点。在中国，这是亿万丈母娘心目中好女婿的标准。在美国，这是一个人有无话语权的分界。对美国职业篮球联赛有所关注的人应该有所了解，有条件亲临现场的观众，基本以中产及以上阶层为主，这是财富的标识，也是地位的象征。这类人主要的收入来源是工资，一旦收入中断或减少，立刻就会从玩转生活变成被生活玩死。德国纪录片《不平等：财富如何变成权力》，完整地记述了中产阶层的心路历程，如果用四个字概括他们的处世原则，"谨小慎微"想必恰如其分，因为这些人玩不起也输不起，终其一生，他们几乎只做一件事——竭尽全力地维持自己捉襟见肘的体面。比上不足比下有余是他们的骄傲，也是他们的梦魇，毕竟超车太难，还有翻车的风险。

在我看来，这一阶层和小资产阶层最主要的区别是，前者是白银段位，但一旦松懈就可能变成青铜甚至黑铁，后者则稳坐钓鱼台。我们时常会在社交媒体上看到某个美国公民因医保破产的新闻，新闻中那个不幸的人，十有八九是美国中产，更低层级的人买不起医保，小资及以上阶层则很少因医保坠入深渊。从这个角度看，医保既可能是中产阶层的护身符，也有可能是他们的催命符。

赤贫阶层就是我们常说的月光族，每月的支出收入基本抵消，美国人管他们叫中上层贫民，他们称自己为"在工作中失去自由的蓝领贵族"。没钱、没车、没存款是他们最大的特点。在某种程度上说，赤贫是中产的前世，奋斗出头，麻雀变凤凰，赤贫变中产。中产阶层比之赤贫，最主要的区别是由智力输出取代了体力输出，于是收入也就水涨船高。绝大部分体力劳动工种，都是赤贫阶层的代表，工业革命期间，他们受小资产及以上阶层的管制，今天依旧如此。

这个阶层的人最不缺的是希望，最稀缺的是不破不立的决心和长而久之的坚持。

唯一能让赤贫阶层产生些许自豪感的就是下层贫民，赤贫阶层一无所有，下层贫民比他们多一样东西，那就是债务。赤贫和下层之间的界限实际上是非常模糊的，如果一个身处赤贫阶层的人突然想要浪荡快活，找寻在工作中失去的自由，那么他滑入底层的速度可能比博尔特跑完一百米的速度还要快。无意贬低任何人，但在美国本土，黑人的社会地位其实并不如很多人想得那般高，种族歧视虽不再明目张胆，但依然在人们的心里如影随形。高晓松曾在《晓松说》的某期节目中坦言，美国黑人确实有被歧视的倾向，但像乔丹、科比这些人，是绝对不会有人歧视的。那被歧视的是谁呢？是那些拿着走私枪和刀在街头抢劫的人，是那些被写进说唱歌词、吸毒滥交的人，是那些屁股半天才挪一下却琢磨怎样才能拿到救济金的人。所以尽管很多人不愿意承认，但其实赤贫和底层的区别，就在于前者堕落得比较克制，一边自我放逐，一边艰苦奋斗，后者则彻底放飞自我。美国下层贫民最常住的地方是街头，最稳定的收入来源是福利救济。

以上就是美国社会存在的六个阶层，其实我只消用一招，就能轻而易举地教大家把他们区分开，那就是住房。美籍华人作家海纳愚夫曾写过一篇名为《从住房看美国社会阶层》的文章，在里面他揭示了一些很朴素的真理：在美国，不同区域的房价天差地别，富人和富人做邻居，穷人和穷人做邻居，这才是名副其实的物以类聚，人以群分。所以想要一目了然地看清美国的社会阶层，只要去不同的住宅区看看就行了。小资产及以上的阶层，一般住独栋别墅，依山靠海。譬如，在洛杉矶，沿着太平洋海岸线走一遭，你就能瞥见很多洛杉矶富豪的身影。而能在旧金山、纽约坐拥房产的人，也必定不容小觑。想看下层贫民更简单，在底特律的街头走一走，一些人光着膀子喝着酒，你走过去关切地问一句："怎么不回家呢？"此人道一句："街头就是我家。"然后拿出刀请你送他20美元。

阶层划分放到哲学上来讲属于那种"不以人的意志为转移"的东西，无论你承认与否，阶层都是真切存在的。在阶层基本固化的美国及欧洲，大家玩的其实是一种零和游戏。而零和游戏的本质便是有得有失，有人富到流油，有人输掉底裤，最后正负相抵，博弈的结果为零。当今美国贫富之间的鸿沟，正以肉眼可见的速度不断拉大。盖茨和巴菲特每年花那么多钱做慈善，排在世界富豪前列的还是他们，而被他们资助的那些人，又有几人真正改变了命运呢？

《道德经》说："天之道损有余而补不足，人之道损不足而补有余"，经济学里称之为马太效应。强者恒强，弱者恒弱是亘古的趋势。

在中国古代，通常用"三教九流"来划分人的地位和职业等级，商贾的地位并不高。当时人们奉行"学而优则仕"，士大夫是权力阶层，而商人是"多财多亿"的代表，虽然拥有财富，但并没有社会地位。社会的发展和进步，为许多人打开了上升通道，人们对财富的理解和观点也发生了很大的变化。许多年轻人认为，我虽然出身贫寒，但我有人生目标和追求，经过努力奋斗，拥有了不菲的财富，就是实现了人生跨越。

4. 设定有效目标，突破进阶天花板

在一些人眼中，外国的空气是香甜的，土地是厚重的，邻居是友善的。他们的论据之一是外国国民对房子的态度："人家老外不管贫穷富贵，一律租房住，天空飘荡着自由的气息。"

尽管我事先已经知道答案，但还是找一位在德国留学的学生确认了一下，"老外真的就那么豁达吗？"这位学生苦笑道："贫穷使他们只能笑对人生，莱比锡10%的人拥有全城的所有房产，其他人连当房奴的机会都没有。"所以啊，别再吹"那边风景更好了"，欧美国家搞了几百年的资本主义，社会早已高度成熟，各个阶层之间的分界非常清楚，而且各个阶层已经基本固化。

哈佛大学的帕特南教授出过一本书叫《我们的孩子》，此书最后只说了一个道理："龙生龙，凤生凤，老鼠的儿子只能打洞洞。"过去我们说"拔毛的凤凰不如鸡"，而在欧美国家已经很难看到这番奇景了，被脱毛的都是鸡，然后被做成盘中餐，供人品尝。

相形之下，我们的社会进步、经济发展，为年轻人提供了充分施展自己才华的舞台，"海阔凭鱼跃，天高任鸟飞"，改变现状的机会也是有的。尤其身在互联网时代，以互联网为杠杆，怀才不遇的概率大大降低。君不见一夜暴富者众多，跃上枝头者众多。

如前所言，美国社会共分为权贵、精英、小资产、中产、赤

贫、底层六个阶层。其中，前三个阶层和后三个阶层的目标是不同的，前者是已经脱离地心引力的阶层，需要做的是守牢江山，安稳地传给子孙后代。至于实现阶层跃升，中国有句古话叫"小富由俭，大富由天"，到了这个级别，很多事就不是艰苦奋斗所能左右的了。

欧美的权贵阶层已经形成了几百年，在这几百年里，太多东西被雨打风吹去，而这些家族却能屹立不倒，譬如举世皆知的罗斯柴尔德家族、杜邦家族、布什家族。人家家里真的有矿，而且子孙后代也确实继承了这些有形的资产。而保留下来的无形资产则使他们成功逃脱"富不过三代"的命运。美国人玩得好的不只是篮球，还有守成之道。

他们常用的第一招是多生娃。生娃有两个好处，一是避免大片江山无人继承。说到这里，美第奇家族含泪点赞，这个家族曾显赫一时，后来却因没有后代继承而消失了。二是择优培育，选出其中最好的孩子作为家族的带头人。今天的美国总统特朗普，自竞选期间就给人留下了极其不靠谱的印象，上任后他延续了自己不靠谱的本色。他的大女儿伊万卡在某次采访时表示，她爸爸想让自己担任世界银行的行长，把一个偌大的美国搞成家天下。不过对于小女儿，鲜见他有什么关照。说得再直接点，伊万卡就是特朗普家族里择优培育的那个"优"，有资格享有家族最好的资源。至于其他人，则没有这样的待遇。

布什父子是美国历史上罕见的总统父子档，在踏入政界之前，他们是靠石油发家的，老布什在政界起飞后，择优培育了小布什和他弟弟，前者后来接了父亲的班，也做了总统，后者则任一州之长。布什家族当然不会只有这两个男娃，他们只是被选出来的杰出代表而已。

第二招就是联姻，穷人喜欢谈风花雪月，有钱人却深知婚姻的本质是一场经济活动，必须保证自己稳赚不赔，灰姑娘之所以能嫁给王子，是因为她父亲是伯爵。穷人的结合是抱团取暖，有钱人的结合是强强联合，这也能保证他们长盛不衰。伊万卡和贾里德的结合被视为金童玉女强强联姻的典范。贾里德和特朗普一样，同是身家几十亿美金的地产大亨，他手里还有老丈人手中奇缺的媒体资源，特朗普能最终上位，他的乘龙快婿可谓功莫大焉。因此，伊万卡和贾里德的结合，是两个家族的强强联合。所有欧美望族的婚姻，基本都能用这句话来解释。

第三招则是成立家族基金，欧美的富翁喜欢"捐钱"，不过懂游戏规则的人都知道，慈善事业不过是他们曲线救国的套路，基金里的钱其实还是归自己支配。希尔顿酒店的创始人在过世前把遗产尽数捐出，可后来这笔钱实际上原封不动地交到了他儿子手里。老希尔顿所谓"高风亮节"的操作，实际上是为了逃避高额遗产税，他捐赠的对象，其实是希尔顿家族基金。

每一个叫得上名字的家族，都会找来职业经理人帮助打理基金，以防不肖子孙把家底败光。香港女星李嘉欣的公公许晋亨死后就把财产存进了信托基金，儿子儿媳只能每个月领几百万的零花钱。对，你没听错，真贵族的零花钱就是以百万为单位的，贫穷又一次限制了我们的想象。一般来说,这些显赫的家族在选出几名能守成的家族掌舵人之后,其余子孙的生活基本都是靠家族基金维持的,这足以使他们度过无趣但富足的一生。

其实,最容易实现阶层跨越的是底层,最难实现阶层跨越的是中产阶层,所以我们先说处于中间位置的赤贫阶层。

卓别林的《摩登时代》大家都看过,卓别林饰演的查理每天发疯似的工作,但劳动所得仅仅能维持温饱,因为整天混迹在流水线上,无时无刻不与六角螺帽打交道,后来他得了癔症,看见六角形的东西就忍不住动手。今天这一阶层的现状依旧如此,美国的赤贫阶层喜欢把自己叫作"为工作抛弃自由的蓝领贵族",这句话的前半句是真命题,后半句则是辛酸的自嘲。

实事求是地说,以这么个干法,他们就算累到吐血,丰盈的也不过是美国资本家的口袋。这一阶层的人想进入中产的大家庭,最好的方式是靠知识改变命运,也就是认真读书,然后选一个技术性强的工作,以脑力劳动取代累死不讨好的体力劳动,程序员、工程师、医生都算是智力型工种。这些工种最大的特点是人脉很重要,但能耐同样重要,只要有一技之长,就不至于独守空房,"变秃就能变强"在这里有机会变成现实。所以想要跃升到中产,最好的方式是效法古代的耕种人家,尽心尽力供孩子读书,帮孩子争取脱离目前阶层的机会,然后再由孩子反哺家庭。

并非站着说话不腰疼,不过绝大部分底层跃升到赤贫阶层,并非什么难事。他们要做的几乎就只有一件事,那就是老老实实地找一份朝九晚五的工作。赤贫和底层最大的区别就是,前者一边自嘲一边认真生活,后者一屋不扫却偏要扫天下。好多底层人从来都是抬着头走路,却又扬言"打工没出路"。赚钱只靠投机倒把,交友全凭市井伎俩是对他们最贴切的形容。这些人是潜在的社会不安定因素,或者说已经成为社会不安定因素。

对于社会底层,我的建议只有一个,早日进厂,找一个正经的营生,以免将来走上犯罪道路。对于这群不稳定的游民,做到稳定就是初步胜利了。

和赤贫相比,中产阶层的家庭有条件给孩子提供一些试错机会。在试错的过程中,孩子可能灵光乍现,发现一些自己擅长的领域,而家长的任务,就是竭尽所能帮助他在这一领域前进。中产阶层的孩子自由度相对要高一些,除了技术型专业,文艺、商业、体育都可以试一试。NBA联盟中有位球员叫史蒂芬·库里,他的父亲是职业球员,母亲是一所学校的管理人员,他们家当时就是典型美国中产的配置,老两口发现库里身上有着优于常人的投篮手感,于是支持他在这条路上走了下去。库里现在和金州勇士队签订了一份价值两亿美金的合同,成功帮助库里家族从中产跨越为富豪。

在此和所有试图跨越阶层的人分享一个心理定律——"洛克定律"。它揭示出的道理只有短短的八个字:确定目标,专注行动。虽然只有短短的八个字,却足够很多人用一生时间去消化。洛克定律价值最高的一个观点是,当目标既指向未来,又能给设定目标的人带来挑战的时候，方为有效目标。因而这个目标不宜偏低，否则不足以形成刺激，也不宜太高，以免失去"弹力"，无法给相关人士带来牵引作用。

　　你没有生在罗马，但你可以不断向罗马靠近，你多走一步，你的子孙后代就少走一步。

5. 你所谓的自尊，不过是玻璃心

自尊是个值得用一本书去讨论的话题。木心先生在《云雀叫了一整天》里说："我们穷，只此一身青春。"而青春已逝的人也有自己的诗，那就是："我们穷，只此一身自尊。"自尊二字是智人经历"认知革命"以后最为看重的东西，所有紧密的关系生出嫌隙，都可用"他不给我面子""他伤我自尊"为理由去解释。可究竟什么是自尊，能说清楚的人并不多。

世俗意义上的自尊其实就是面子，老百姓不太爱把自尊二字挂在口头上，觉得太过郑重其事。当人们想强调自尊的重要性时，他们会说"人要脸，树要皮"；当自尊心被践踏时，他们会说"格老子，敢折老子的面子"。

学术圈的自尊有别于大众，心理学家威廉·詹姆斯在其著作《心理学原理》中提出了广受认同的自尊公式：自尊=成功÷抱负。他的观点很明确：所谓自尊，就是有抱负的人通过努力让梦想照进现实，自尊是成功之后水到渠成的结果。

大众的自尊和心理学上的自尊，最大的区别不在于表达方式上的不同，而在于对自尊和成功顺序上的界定。在一般人眼中，自尊要排在成功的前面，成功可以适当往后排，自尊却不得不提，不得不维护。威廉·詹姆斯则觉得，自尊是成功的尾巴，没有成功，自尊便无从谈起。

威廉的自尊和大众的自尊在心理学上分属于两个阵营。前者被称为高自尊，一切行为的出发点，是自我提高，取得认同；后者是低自尊，这类自尊的行为动机是自我保护，保护的是自己那颗滚烫的心，抵御的是来自外界的莫须有的鄙夷。说得通俗一点儿，前者是竭尽全力为自己争面子，后者是拼了命地不让自己丢脸。

今天已经没有几个人有本事让马云丢脸，但他曾经丢脸过。1996年，马云和手下人搞出了中国黄页。这个土生土长的杭州人，带着兴奋和祈愿进京，马不停蹄地兜售自己的产品。最后他走过的街道连起来可绕北京三圈，却未能得到回应。不过他留下了一句话："再过几年，北京就不会这么对我，那时你们都会知道我是干什么的。"

马云是一个典范，不只是商业上的成功典范，也是追求高自尊的典范。他的特质浓缩成一个点，几乎可以植入到每一位成功人士的身上。冯唐说："人如果能够做到三点，便可以免于得癌症：不着急，不害怕，不要脸。"这话有些胡扯的味道，不过做到这三点，尤其是第三点的人，大多能在各自耕耘的领域内小有所成倒是真的。

一事无成者喜欢给自己找借口，今天怪天气，明天怪引力，后天怪自己的老爹不给力。成功学大师喜欢把成功之道归结为厚黑学，仿佛成功是一件见不得光的事，而没有成功便等于不知权谋。相形之下，我更喜欢《失败的逻辑》这本书里的观点，此书的作者与其说是在写书，毋宁说是在玩一个游戏，他在书中安插了一些人，这些人被安排管理一座城市或一个国家。城市或国家的发展程度，便是检验他们成功、得失的唯一标准。

最后作者得出了一个结论：成功和失败的边界不在于英明的决策，而在于决策的次数和频率，以及是否能够复盘前一个决策，修正新决策。换句话说，成功之道在于反复试错。失败者，大多是那些被自己捆住手脚的人。

A和B同做一件事，二者能力相当，身高等同，就连脸上的雀斑，都出落得大同小异。如果玩一个"找不同"的游戏，区别只在A追求的是高自尊，B则是一名低自尊人士。所以A会为了做成一件事，反复向前辈请教，动用一切可用甚至是不太可用的资源，被人打了左半边脸不介意递上另外半边脸。B则是偷偷地进行，以免被人发现自己搞砸了手头的工作。而结果往往是，A的工作不好做，但最后毕竟做成了，B则仿佛从未开始，花开花谢无人知。

这些年我见过的创业者，聚集在一起可以去时代广场跳一场破吉尼斯世界纪录的广场舞。把个人能力和社会弱关系相接近的一些学员横向比较，那些没有建树者大多得了一种病，它的名字叫"自尊病"。症状是拔高自我期望，缺少立身之才，擅长自我感动，拒绝帮助批评。他们用脾性铸就了一座佛龛，里面供奉着一颗易碎的玻璃心，还喜欢美其名曰"自尊"。殊不知这座佛龛，已经将自己挡在了世俗的成功之外。

这个世界从来不乏有"自尊病"的人，真正稀缺的是比恐龙还少的机会。经济学中有一个名词叫作"机会成本",指的是在做决策的过程中,面对可供选择的多个方案,通常要舍弃一部分方案,被舍弃的其他方案就是本次决策的机会成本。用更贴近生活的话来解释就是,有得必有失。你手握所谓的"自尊"紧紧不放,机会就无可避免地会从指缝间溜走。

职场新人若耻于提问,便会被同事教做人;职场老鸟若喜欢顶牛,就得卷铺盖走人;情场小白若羞于表白,就要挥别心上人;创业人士若不能伏低做小,就找不到合伙人。你以为秉持所谓的自尊能让自己活得像个人,其实是在无意间放弃了自己成为更好的人的机会。

医学研究表明,脸皮厚、脸颊多肉的人更容易青春常驻;社会学研究表明,脸皮越厚,钱包越鼓。所以我诚挚地建议,不要因所谓的面子,而失掉里子。

想要敲碎以"自尊"为名的玻璃心,别无他法,唯有历经摔打。这类问题属于那种号召式的问题,譬如360的创始人周鸿祎说:"人在年轻的时候,还是应该迟钝点,让自己的心变得粗糙点,能够承受各种锻炼和痛苦。"心理学家称之为钝感力,而想提升钝感力,其实唯有多多打磨内心这一个办法。自我说服是没用的,鸡汤洗礼也意义不大。见过沧海,自然会哀婉"难为水",到过巫山,势必会慨叹"不是云"。想要不被小打小闹搞得焦头烂额,最好的方法便是见识大风大浪。所以我建议大家放下面子,拥抱里子。

尼采说:"无须时刻保持敏感,迟钝有时即为美德。"这话我想送给所有不满于现状却又不肯跳出现状的人。拥抱"自尊"就会只剩自尊,放下自尊就有可能拥抱一切。一切不以成功为前提的自尊,都是耍流氓!你以为的自尊心,其实只是玻璃心。

6. 别被父母绑架，我的人生我做主

听父母的话在过去几千年里被认为是最明智、正确的话。古语曰："父母之命，媒妁之言。"现代人说："听妈妈的话，别让她受伤。"根据我的理解，听父母的话含义非常简单：那就是不加甄别地遵从父母，对的话要听，错的话要当成对的话去听。至于为什么会形成这种现象，我觉得用亲情因素解读未免失之简单。比较让人信服的一种解释是，遵从父母是稳定统治秩序、维持家庭和睦、巩固社会礼仪的有力手段，因而被官方大力推崇，久而久之，便形成一种社会风俗。而风俗的特点便是：不问缘由，照做即可。有一个心理学概念叫乐队花车效应，它的原义是：只要上了乐队的花车，无须走路就能欣赏音乐。后来这一效应特指人类更倾向于去从事或相信多数人都从事或相信的东西。听父母的话就是乐队花车效应的一种表征——既然多数人都这么做，我也索性这么做。

而我的观点——父母的话不要听，与父母观点一致时，听父母的话，与父母观点不一致时，听自己的话。是的，虽然我喜欢音乐，但并没有踏上乐队的花车。

我不是在教大家叛逆，在我眼中，所谓叛逆不过是一群孩子故作成熟的自以为是。叛逆是玩个性，而我的特长是摆事实，用事实传达雄辩。我说"父母的话不要听"，可谓理由确凿。

首先，父母与子女在价值追求上是存在鸿沟的。按照马斯洛需求层次理论，20世纪六七十年代的父母，需求主要停留在生理需求和安全需求两个层面，也就是繁衍和安逸，用文雅的话说就是培育花朵和岁月静好。推己及人，他们希望子女也能继承自己的衣钵，当个老师或进入机关，在安稳的状态下了此一生。

但多年的咨询经验告诉我，现在的年轻人根本不吃这一套，人家不只要有个性生活，还想要诗和远方，仗剑走天涯，风风火火闯九州。马斯洛称之为自我实现，我觉得可以通俗地解读为"成为自己想要成为的人"。而父母的价值观是，孩子能成为他们眼中的体面人。怎么可能谈得拢呢？

我建议大家不听父母话的另一个理由是，生活在同一时代的人，各自被打上了不同时代的烙印。老一辈人常说的一句话是："我走的桥，比你走的路还多；我吃的盐，比你吃的饭还多。"这话很有道理，尤其在年轻人普遍骑车、不吃早餐的当下更是如此。但实事求是地说，这可能是他们仅存的优势了。

人类发展到现在，历经采集狩猎、农业、工业、信息等多个时代。年轻人是信息时代的产物，而大多数家长的思维，还停留在农业时代。

我的学员给我讲过一个故事，这个故事发生在十几年前：他大学时期有一个家在农村的朋友，学的是计算机专业，天资远胜常人，毕业后有进入腾讯实习的机会。这位同学当时过了网申，需要去深圳面试。可他父亲认为，车票那么贵，去了还不一定能录取，回县里当个公务员不好吗？回县城工作的同学如今人到中年，一身风霜，人生却毫无起色。

同学的父亲在当今社会被称为"猪一样的队友"，而他之所以如此坑儿，背后的深层次原因则在于受限的眼界。在他们那个时代，老婆孩子热炕头就是最高理想，吃上公家饭就要给祖宗上香。哪里会意识到在若干年后，社会变化如此之快。

管理学中有一种说法叫隧道视野效应，这一效应取材于现实：一个人如果身在隧道，他能看到的就只有周遭的事物。叔本华对这一效应做了很形象的解读："每个人都把自己眼界的极限，当作世界的极限。"而父母限于时代或思维，眼中的世界其实是很小的。

因而在人生选择面前，父母的想法可以认真倾听，但你可一定不能当真，否则你的人生在"一切都是为你好"的建议面前，就可能变成了一句玩笑话。

第三个理由比较自私，那就是父母的建议大多是"管杀不管埋"式的，也就是说，当家做主的是他们，承担后果的却是你，因而必须小心驶得万年船。

愚公移山的故事大家都听过，这个故事千百年来一直被视为恒心、毅力的象征词。智叟嘲笑愚公："就您那身子骨，和大妈们抢打折鸡蛋都不一样能赢，还要搬离两座大山，假酒喝多了吧？"这时候愚公反唇相讥道："我死了还有儿子，儿子还有儿子，子子孙孙无穷无尽，何愁大事不成？"我不知道愚公的孙子听了这话怎么想，换作是我，一定忍不住道一句："爷爷，您是真孙子啊，我尿不湿都没脱下来，你就把我这辈子安排得明明白白了。"

做决定是简单的，简单就容易草率，你很难保证父母看似深思熟虑的背后，实质上是拍脑袋决策，拍胸脯保证，最后再拍屁股走人，剩下你一人在风中凌乱。

用自己的人生为别人的决策买单，你觉得划得来吗？

如果说上一个理由有些自私的话，那么最后一个理由就是十足的大逆不道了。那就是并非所有父母都有为人父母的资格，这类人的建议自然也就不值得采纳。

近两年兴起了一个名曰"劣质父母"的新名词，好多人对号入座，觉得自己的老爹老娘就是十足的"坑货"，还喊出"父母皆祸害"的口号。这些人所持的态度，我并不赞成。不过在做亲子类咨询时，我确实发现了一些家长身上的问题。譬如，一些女同学的家长重男轻女思想十分严重，希望女儿艰苦奋斗，然后把胜利果实让给儿子；有些家长则把供孩子上学当成是一件交易，大学毕业后必须给自己回报，因而在孩子提出出国深造或读研的请求时，他们瞬间便勃然变色，奉上"赔钱货"三个字；还有些父母掌控不了自己的人生，却希望主宰子女的命运，实行铁腕统治，不给孩子半点做主的权利。

过去我们说年轻人坑爹，现在爹坑儿子的情形也是屡见不鲜。年轻人竭尽全力不想成为樊胜美，但根本无法保证自己的老子不是谢广坤或苏大强。最要命的是，这些父母成为子女人生的坎和坑根本没有理由，他们只是打出"为你好"的名义，然后肆无忌惮地对你的人生指手画脚。

我是能够理解他们的，这些百无一用的可怜人，除了挤对和自己血脉相连的子女，又能到哪里去称王称霸呢？不过我就不建议同学们像我一样宽容了，毕竟在游戏里坑，输的只是一局，在现实中坑，输的却是一辈子。在存量搏杀的时代，你们输不起的。

话说到这一步，原本大逆不道的观点想必已经入情入理了。不过有很多同学向我表达过类似的疑问："老师，我也知道他们说得不对，但父母说得过你的时候和你讲道理，说不过你的时候又和你讲伦理，这该如何是好？"

对此，我认为最行之有效的方式就是接受教育，自我提升。子女从父母身上接受了生理和社会两种基因。社会基因的影响则更为致命，大家如果留心观察就会知道，好多子女的行事风格、日常做派和父母完全是一个模子刻出来的，如果你在生理基因和社会基因层面与父母完全一致，他当然认为自己有资格对你指手画脚。所以要想摆脱影响，就要"重组基因"。

我不是说你要去韩国整容，你可以在社会基因上多下功夫，而最好的方式就是接受教育，自我提高。你懂得越多，父母自然会识趣地对你干涉得越少。如果你不是像他们一样出口成"脏"，而是出口成章，连你爸可能都会脱掉草帽向你致敬的。

纪伯伦在《论孩子》里说：你的儿女，其实不是你的儿女。他们是生命对于自身渴望而诞生的孩子。好多家长意识不到这一点，但身为子女的你要明白，你绝不是任何人的附庸，如果你必须对自己的人生负责，就请自行按下前进或后退的按钮。

7. 勇敢走出舒适区，才能活出精彩

心理问题与大众如影随形，心理学与大众的距离却似海角天涯。就像病人在提及症状时如数家珍，对如何治病却没有法子。不过有一个名为"青蛙效应"的心理学原理却为大众熟知，人们喜欢叫它"温水煮青蛙"。它揭示出的道理很简单：生于忧患，死于安乐。你以为的舒适区，其实可能是自己的危险地。

人类对"温水青蛙"的态度一直比较残忍，先是嘲讽它反应慢，然后再撒些葱姜蒜，或是直接撒点孜然，穿成串。但本质其实是"五十步笑百步"，因为在某种意义上来说，一些人的行为方式像"青蛙"一样，也会沉浸于温水，缓步走向死亡而不自知。

有时，人会存在"证实偏差"，会有意忽略一些东西，以便论证自己相信的东西。就像今人鼓吹"信息爆炸""世界缤纷"，其实他只要把自己此前三年的生活在脑子里做一番回味，也会发现三年等同于一天，流逝的只有时间，重复和乏味却是永恒的。前人难以跳脱的"老一套"，今人仍在历经，只是形式变了而已。这个老一套，就是我们常说的舒适区。

舒适区最常见的表现形式，叫"信息茧房"。信息茧房的概念是哈佛大学凯斯教授在《信息乌托邦——众人如何生产知识》这本书里提出来的。凯斯别出新意，把信息茧房的形式称为"个人日

报"。他认为，在大数据时代，人们关注的话题已经到了可以根据个人喜好去定制的程度。人人都可为自己打造一方小世界，这个世界里未必有花，但一定有他想要的东西。

　　大有取代百度成为互联网新巨头的字节跳动（今日头条），本质上就是一个大的信息茧房，好多人混迹其中，还乐此不疲。你好心劝他："你来人间一趟，你要看看太阳，和你的心上人，一起走在街上。"他只会赏你一个白眼，然后继续读他的"个人报纸"。

　　人之所以会在舒适区中乐不思蜀，主要是两种心理机制在起作用。第一种叫选择性接触心理，也就是前文论及的"证实偏差"。爱我所爱，摒弃我所不爱，与自己心性不符的信息和观念，会被无情淘洗掉。舒适区何以得名？人待在某个领域，觉得身心舒畅之谓也。舒畅二字，基本能解释人待在舒适区里不肯出来的原因。

　　第二种心理机制叫群体趋同心理。从众会导致聚合，聚合会形成圈子，而圈子则必然会有一定的闭合作用——进去容易，出来难。勒庞在《乌合之众》中表达了一个被无数次证明过的观点：群体中的人和独立的个体是全然不同的。说得更直接一点儿，如果你没有加入某个群体，你还是你，但加入之后，你就变成了整个组织的一个细胞或一个关节，身不由己。群体中多数人的意见会取代你的个人感受，成为驱动你做决策的依据。好多人主观上未必想长久地待在某一区域，但群体会裹挟着他不断向前，无法脱身。如果你身边的朋友是一群过了今天不想明天的"好汉"，那你八成会被同化成一类人，任何长期计划基本没有执行成功的可能。

"舒适区"并非是一个彻彻底底的贬义词，它的好处在名字中已经交代：舒适。咸鱼为什么不愿意翻身？因为翻身又苦又累，不及侧身躺着千分之一的舒服。那些贪图舒服的人，你们可以继续舒服下去，一直到死。

对于久居舒适区的弊端，提出信息茧房概念的凯斯教授有一番精辟的论断。他认为，当人长期被禁锢在单一的信息环境中，生活就会变得片面、单一、程式化，把自己禁锢在蚕茧里。心理学上有一个"深井理论"，深化了他的观念：如果我们始终沉浸在当前熟知的领域，只关注自己所深爱的东西，久而久之就会形同置身于深井之内，视野被局限在巴掌大的地方，那时我们就成了自己过去所鄙夷的"井底之蛙""温水青蛙"。

康德一辈子没有离开葛底斯堡，却能知天下事。一般人没有这种天赋，身在象牙山村，你心中的领导只会是王长贵，首富只能是谢广坤。因为你的圈子只有这么大，看得只有这么远。王健林的小目标是先挣一个亿，你的身边人呢，你自己呢，是用工资还清花呗，还是用借呗去还花呗？是的，舒适区能带给你安逸，然后让你在安逸中无声死去。

无意兜售焦虑，但很想对那些喜欢拿岁月静好自欺的普通人说一句，子承父业对你们而言都是奢望，世界在向前，你原地不动，便只有被动倒退这一种结局。

想要改变这种局面，只有勇敢地走出舒适区。正如斯科特帕克所说：对于一枚鸡蛋来说，从外打破是食物，从内打破才是成长。

美国人诺埃尔·蒂奇把学习事物的等级分为舒适区、学习区和恐慌区，舒适区是没有学习难度的区域，比如吃喝拉撒睡，闭着眼睛都能做好；学习区是略有不适，有一定挑战性的区域，比如儿童学走路，跌跌撞撞在所难免，但也不至于难于登天；恐慌区是超出自己认知或能力范围太多，让人产生严重的心理或生理抵触的区域，就像婴儿学跑步，一旦迈开腿，轻则擦伤流血，重则伤筋动骨，最关键的是"臣妾做不到啊"。

　　走出舒适区，虽号召勇敢，却不赞成鲁莽行事。要像《拆掉思维里的墙》说的那样，"先小范围地冒险"，从舒适区跨越到学习区。心理学家陈海贤老师曾经给出过一种方法：把一个星期一分为二，周一、三、五、七该吃吃该喝喝，啥事不往心里搁，周二、四、六则尝试新的学习或生活模式，奋发向上，学外语、读历史、搞文学，再不让时光被蹉跎。然后，一点点地把采用新模式的时间拉长，直到自己完全适应这种"炼狱生活"，从咸鱼变成"自助者，天助之"的锦鲤。

　　走出舒适区真正的难点在起步阶段，要克服下意识的逃避心理，以免像诗歌里说的那样："为了避免结束，你避免了开始。"一个行之有效的办法是，代入他人，忽略成本，想想那些最终一展平生所长的人，此时会怎么做，把自己置身事外，尽可能地不去想那些未必会存在的艰难险阻。这是心理医生常说的舒适区摧毁法，曾帮众多"患者"迎来新生。

　　美国有一位作家叫马克·吐温，这位老先生一生箴言众多。他说，取得进展的秘诀是开始，开始的秘诀是将令人窒息的复杂任务细化成可操作的任务，然后开始做第一件。短短一句话里包含了三个开始，每一个都在提醒你，现在就开始！

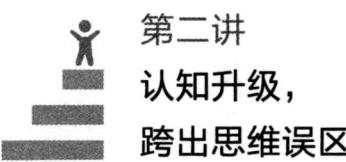

第二讲
认知升级，
跨出思维误区

1. 限制你的不是能力，而是懒惰

懒惰，七宗罪之一，人人避之不及。不信你想想，和"懒"字沾边的哪有好词？懒汉、懒蛋、好吃懒做……总之，大家公认"懒惰"这一习性，是阻碍社会发展的绊脚石，是危害人类生存的毒瘤，被钉在人类精神文明和物质文明的耻辱柱上，收获不尽的鄙夷和痛骂。

但是反转来得太突然，没想到有朝一日，懒惰这个板上钉钉的大反派竟还有咸鱼翻身的一天，披上"社交恐惧症""人类进步的助推器"等一系列华丽外衣堂而皇之进入主流文化，扮演起了"迷人的反派"，还受到不少忠实信徒的追捧，实在让人匪夷所思。今天，我就要扒下国王的新衣，让你们瞧瞧这懒惰的本质究竟是个啥。

现在有些人谈及自身的懒惰，流露出的已经不是羞愧了，而是自得和自嘲，也不知道谁给他们的勇气和底气。他们的经典言论如下：

"没必要那么拼，知足常乐，反正奋斗也不会改变什么。"

"我不是懒，我是社交恐惧症，害怕人群，和同事吃个饭还得说些场面话，不适应；和朋友联络感情还得约个地点，不习惯；谈恋爱还得想聊天话题，太麻烦。"

"你说我这么懒都和你平起平坐了，我要是勤奋了还得了……"

"懒惰是人类之光啊！"

看看这些言论，每个字我都认识，连在一起咋就让人一头雾水？这让我产生一种文明倒退的幻觉。这些人是不是有病？回答：对，他们有病，美其名曰，懒癌。

真的是从未见过如此厚颜无耻之人。拿着成功太难当挡箭牌，用懒惰当遮羞布，用"努力无用论"的毒鸡汤当人生箴言，社会、学校和家庭给你灌输了20年的"仁义礼智信温良恭俭让"，你扭头就忘，毒鸡汤倒是一壶接一壶地灌个没完。自己找个阴暗的角落了此一生倒也罢了，还堂而皇之地宣扬出来荼毒无数有志青年，真的是心思太坏了。

而这四种言论也代表了对待懒惰的四种态度，今天我要挨个扒一扒。

先说第一种，觉得勤奋努力也改变不了什么，送你两个大字：胡扯。

英国那部《人生七年》的纪录片大家可能都看过，不思进取、懒惰成性的人，看到富人的孩子还是富人，穷人的孩子依旧贫穷，索性断了自己奋斗的念头，安慰自己：认命吧。懒惰的人总是选择性眼瞎，看不到那个叫尼克的小孩从贫民窟一路奋斗，读了牛津，又成了美国一所大学的老师。穷人家的孩子唯一能倚仗的就是勤奋。

所以，你说你什么都改变不了，终极原因就是你懒。懒惰限制了你的眼界、学识，进而影响你的人生选择。想摆脱泥沼一般的生活，绳子递到你手里，你都懒得爬。这样的人，已经身中懒毒，无可救药。心理学上有个"毛毛虫效应",讲的是有些人固守先例、经验、习惯或本能,无论是自己的经验,还是前人探索的路径,都一味地跟随,这种依赖固定路径,不主动求变、懒于思考的行为,终会导致失败。

再说第二种,你嫌麻烦,说自己社交恐惧症。你没准还要拿出几篇广为流传的文章反驳我,比如《低质量的社交,不如高质量的独处》《先提高自己,再混圈子》,还扬扬得意,觉得自己不盲从、不从众,简直是遗世独立的小可爱。那我也借一本畅销书反驳一下你吧,《少有人走的路》中有这样一句:大部分的恐惧与懒惰有关。

什么是社交恐惧症?是过分害怕外界的事物,那种明知不合理却又无法控制的内心恐惧感反复出现。那什么是懒呢?懒惰是心理上的一种厌倦情绪,你以为那是安逸和享受,但实际上是无聊、倦怠和消沉。欢迎各位社恐小伙伴对号入座,把那些披着社恐外衣的懒癌分子踢出队伍!他们是害群之马,混迹在人群中,唯恐天下不乱。

这些声称自己有社恐的懒癌患者,因为懒,不愿与人交流,工作中可能沟通不到位,能力被低估,机会被错过,永远是个小透明,关键是还自我安慰一切是命运;朋友交往中,疏于和朋友联系,懒得见面,人家有了新的小伙伴你还酸一句"故人心易变";恋爱关系中,你懒得回应对方的话题和热情,人家觉得你忽冷忽热、若即若离、没有安全感,和你一刀两断,你还要骂人家一句"人渣",你死不死啊?

懒癌不是生理疾病，但是有时候比生理疾病还要难治，甚至有些人四肢健全，意识清晰，其实已经病入膏肓，懒癌深入骨髓。想治啊，忍得了蚀骨之痛吗？受得了噬肉之苦吗？是不是听完这个，觉得自己这个样子也挺好的？真的是懒惰成疾，药石无医。

再来看第三种，觉得自己什么都行，只是懒。这种人，有一个万能金句：如果我勤快点，就能比肩马云，脚踩王健林，甩飞马化腾，指点刘强东。那您的洪荒之力就别憋着了，赶紧使出来啊。人家不，因为人家懒。看吧，懒成了一种自我保护机制，成为隐藏"潜力"的一种手段。因为懒，可以什么都不干，因为懒，也什么都瞧不上。他们最怕啥？最怕用尽全力却失败，被别人发现不过如此。与其被嘲讽、被轻视，不如披着懒惰外衣，缩在壳子里什么都不干来得安全。因为什么都不干，所以不会失败，不会失败别人就不会轻视你，于是你终日躲在一个一戳即破的气泡里，保护着自己滑稽的玻璃心，想想就为你累。米尔·勒纳尔说，懒惰受到的惩罚不仅仅是自己的失败，还有别人的成功。你因为懒惰，接受不了自己的失败，也正视不了别人的成功。

还有最后一种，觉得懒惰推动了社会的发展和文明的进步，这种人怕底气不足，还要举例论证：人懒得推磨，于是发明了风车和水车；人懒得走路，才有了汽车。这种观念由来已久，不仔细掰扯一下很容易被它洗脑。首先，你确定发明风车水车、汽车的都是懒人？如果福特兄弟是懒人，那怎么还会勤奋地搞创造发明呢？发明工具是为了促进生产力，让原本需要一天的时间才能做完的工作，只需要一个小时,那多出来的时间是为了去做其他工作。再有,把懒等同于创造力强,是偷换概念。世界上所有的发明都是出自懒汉之手?懒汉顶多是思想上有灵光闪现的瞬间,把想法付诸实践且经过一百次实验的人才是人类之光。因此,必须彻底改变这种懒惰思想、习性。

首先,想要摆脱懒惰的习性,心态要放正,明白一夜之间改头换面是不可能的,要打持久战。先搞清楚,自己为啥身陷懒惰泥潭不能自拔?这一步,叫自我察觉。你是在害怕什么吗?在保护什么吗?在吸引什么吗?你要直面让自己陷入懒惰现状的原因。你可以在夜深人静的时候,与自己对话,一步步地深挖出自己懒惰的根源。因为外力可能短暂,但是内在的自发控制却是长久且有效的。日本社会学家横山宁夫的"横山法则"非常明确地指出,只有人有了内在的激励,才能高效地工作。当你找到内在的支撑后,才能和惰性相抗衡,毕竟我们最大的问题永远是内在问题。

其次,要自我接纳和不断尝试。懒惰的人也曾有过征服世界的雄心壮志,后来被世界按在地上摩擦,收拾得服服帖帖,于是不断怀疑自我,最后陷入"我这么懒,可怎么办""我这么懒,反正也干不了啥,干脆啥也不干"。这种情况下,人们很容易陷入"习得性无助"的情绪,因为屡次受挫,所以丧失了动力和信心,心态崩溃,行为懒散。这时候,你应该这么想,懒惰的人千千万,你稍稍努力一点点,就比那千千万的人要强。曾经做不成的,你可能还做不成,但是,你可以把大问题细化成一个个的小问题,然后想办法一个个地解决，同时还要给自己奖励，给自己犯错的机会。只要是上坡路，走慢一点又有啥关系？

最后，如果短期内很难建立起内在秩序，那就寻找有力的外部刺激。马蝇效应认为，当有马蝇停留在懒惰的马身上叮咬，马就会毫不懈怠，跑得飞快。在这种正确的刺激下，懒惰的人就会有正确的反应，半被动式地行动起来。这种正确的刺激，可以是适当的压力，或者危机意识，让懒惰的人意识到自己正经受着必要的考验，为了生存，必须行动起来。有时候喝点儿毒鸡汤未尝不可，不看看别人过得有多好，你永远无法知道自己是什么样子。

说到底，懒惰究竟是什么？它像是金庸笔下的毒药"十香软筋散"，此药无色无味，能令中毒者全身筋骨酸软，半点内力也使不出，只有被他人蹂躏的份儿。懒惰就是这剂药，不管你多高的天赋，多强的能力，中了懒惰的毒，就得任人宰割。懒惰比十香软筋散更可怕的地方在于，后者有解药，前者只能自救。

2. 不是没有机会，而是你活得太丧

最近发现朋友圈好像被"丧尸"围城了，不少人在唉声叹气，哭嚎着"人间不值得""我差不多是个废人了"，时不时还要感叹一下世界，怀疑一下人生。粗略看了看发消息的人，有不少是曾经的学员，也不知道他们又遭遇了怎样的不公和暴行，才让他们第N次对人生失去了信心。

"丧"这个东西，就跟精神毒品一样，一旦沾染上，想戒掉太难，时不时就让你来次"毒瘾发作"，轻则"自残"，重则报复社会。

很多人都以为，"丧文化"是一个十分新鲜的词，是近几年由"90后""00后"引发的一种流行思潮。但事实上，"丧文化"早就出现了。

第二次世界大战后，美国一个名为"垮掉的一代"的文学流派，或许可以被称为丧文化的起源。"垮掉的一代"的作者们自称反叛者，在书中宣扬暴力、吸毒和犯罪。他们拒绝承担社会义务，公开藐视社会秩序，生活以"娱乐至上、娱乐至死"为准则。在亚洲，受美国影响最大的国家——日本，首当其冲，深受"丧文化"的荼毒。其中，现代人最熟悉的日本小说家之一——太宰治，堪称典范，他在《人间失格》里说出"生而为人，我很抱歉"等类似的话。在日本这片丧之沃土上，后来还滋生出了废宅这一群体，也衍生了

《不求上进的玉子》等一系列丧系电视剧。不甘落后的韩国，从2011年起祭出了"三抛世代"，抛弃恋爱、结婚、生子，后来又出现了"五抛世代""七抛世代"，到最后变成了"全抛世代"，意思是什么都能放弃，到现在进化出了"凑合论"，既然知道努力也不能改变命运，那就索性放弃。

所以这样看来，中国的"丧时代"来得似乎有点晚，形成潮流还是在2016年，网上流出《我爱我家》里的一张剧照之后。"葛优躺"迅速成为最受欢迎的表情包之一，除此之外，网红青蛙PEPE、懒蛋蛋、马男波杰克等卡通形象也作为国外丧家代表，荣登中国网民最爱使用的表情包排行榜前列。

看到这里，我想应该有人会好奇，为什么"丧文化"这股风突然刮到了中国？有人解释说，是因为中国发展到现阶段，年轻人无法再像老一辈一样，可以通过努力实现人生跨越。更多的情况是，即便努力工作，穷尽一生都没办法从中产阶层提升到精英阶层，这种从出生就决定好的结局难免会让人绝望。再加上家庭、事业、人际关系中一系列问题的出现，导致越来越多的人对生活失去信心。面对的反义词是逃避，当人们面对堪称无解的问题时，很容易选择逃避。"丧"就是他们逃避的一种方式，与其满腔热血、奋勇向前，不如就此作罢、听天由命，这样好歹能过得轻松一些。

也是因为如此，很多人说，"丧文化是年轻人对这个世界最温和的反抗""丧是当代年轻人的解药"。网上类似的言论数不胜数，"丧"仿佛已经成为一件正确的事，"我丧我有理，我丧我骄傲"这种说法铺天盖地。

那么，是否真如网上所说，丧是一件正常而且正确的事？

虽然丧的这种自黑、自嘲、自我否定的自我解构方式确实能帮助人发泄情绪、缓解压力，让你一杯"丧酒"喝下去，就把所有烦恼和压力忘个彻底，效果堪比仙剑里的忘情水，然而，只要是酒，喝了就会醉，醉酒的同时还可能伴有偏头痛等症状，严重还会引发脑中风，危害不容小觑。有多少年轻人因为看了网上美化、鼓吹"丧文化"的文章，抱着猎奇心理，想着"丧一把，爽一爽，不会有太大影响"，从此一发不可收拾，等反应过来的时候，已经彻底变成了别人口中的"废人"。

丧除了会夺去你变优秀的可能，让你甘于平庸，进而走向堕落，还会给他人带来负面影响，这是"丧文化"让我最不齿的一点。这就跟吸烟一样，沉溺于吸烟，不仅会危害自己的健康，还会损害周围人的健康。破窗理论讲的就是环境会对人产生强烈的暗示性和诱导性。房子的一扇窗户如果破了没人修理，不久后其他窗户也会被打破；墙上的一角涂鸦如果没被清理，不久后其他位置也会被涂满涂鸦。而如果一个人整日沉溺于"丧文化"，不仅会让自己变成"废人"，久而久之势必会影响周围人的工作和生活状态，很有可能让他们也成为"丧尸"中的一员。丧对家人的危害更为严重，中国老龄科研中心曾经做过统计，啃老族里年轻人占比大概在30%左右，我想其中应该有相当一部分是在受到"丧文化"荼毒之后，无心工作，无力养活自己，这才变成啃老族的。

其实就我个人而言,我对被冠以类似称谓的人并无太多反感,毕竟成为废还是渣都是个人选择,别人无权干涉,强行劝导或许还会被喷一句"关你屁事",尽管我是妥妥的白羊男,但是热脸贴冷屁股这种事我还是不屑做的。但是话又说回来,作为稍微有那么一点社会责任感的公民,为了他人免受荼毒,为了社会环境的干净和谐,一些话还是有必要说的。如果你想自救,欢迎收听。如果你被紫薇附身,满口都是"我不听",出门左转不送,路边垃圾桶等着你。

想要避免被丧缠身,首先要做到心态积极,保持清醒。情绪定律中讲到,人作为情绪化动物,做事都会受到情绪的影响。心情好时,看什么都顺眼,做起事来也得心应手;心情不好时,看什么都碍眼,做起事来也力不从心。这就是情绪对人产生的影响,想要事事顺心,时刻拥有良好的情绪是必需的,而情绪又和心态密不可分。所以保持一个积极的心态,对防止"丧病"入侵大有裨益。

虽然我知道这个世界很残酷,有时你刚缓过气来,努力了一把,就又被打回原形。说实话,都被这么蹂躏了,你要是没有一点儿小脾气,那肯定不正常。所以,有脾气,正常;会丧,也正常。但是一定要保持一个清醒的认识,把握丧的度,不要越界。所谓小丧怡情,大丧伤身。对于丧,你要控制,而不是被控制。丧的度只能由你自己把握,通常以是否影响正常工作生活为界。如果丧让你生活紊乱,内分泌失调,你需要及时调整心态,否则恐怕就要接受一波社会毒打了。

其次,学会自律和自我规划。虽然听起来是老生常谈,但做事要讲究方法，下药要对症这话我想所有人都认同吧。这建议就算是鸡汤，那也值得"真香警告"，谁让大多数人丧得痛不欲生并不是出自外界压力，而是因为自身的问题呢。

　　丧可以说是懒的终极进化体，如果你能理解这点，那你可能就会发现这么一个事实，那就是周围被丧缠身的人，好像都是曾经的"懒癌患者"。这些人的生活从一开始就是一塌糊涂，什么都懒得做，什么都不想做。到最后事情一件堆一件，堆成一团乱麻，想做都不知道从哪里下手了。其实懒，就是因为不自律，没有目标也没有规划。吉格勒定理中说到，做事一定要有目标，而且目标还需要有一定的高度，只有确立了目标，才能确定未来行动的方向。而目标一旦确立，其实你就已经达成了目标的一部分。而缺少一个远大的目标，即便一个人再能力超群，也将一事无成，可见设定目标的重要性。所以，设定一个稍微大一点的目标，按照目标把规划制成一份清单，然后按部就班地执行，一段时间下来，你会发现丧的情绪少了很多。

　　综上所述，丧是毒药，却未必是"一包穿肠毒药"，治病还是致命，还是要看服用的剂量。但是话说回来，毒药终究是毒药，没点儿抗药性的还是少用为妙，以免自己身重剧毒，回天乏术。

3. 熬一碗鸡汤，激发内心正能量

现在一说心灵鸡汤，大家都嗤之以鼻，好像鸡汤就是精神上的保健品，宣传的是什么都治，实际上什么用都没有。但我坚决不同意这个说法，心灵鸡汤太有用了，不但我自己被心灵鸡汤搭救过好多次，我的很多学员也因为心灵鸡汤受益匪浅，而且是反复受益。

远的不说，就说一个最近的故事吧。我有个学员，叫小马，还是个"码农"，码农收入是很不错的，同时也很辛苦。小马去年刚结婚，孩子就快出生了，每个月还要还八千多元的房贷。小马属于典型的新中产，挣得多，压力大。但渐渐地，小马开始觉得活着没什么意思，看不到任何希望。小马知道什么是对的，知道什么是好的，但却异常绝望，他的绝望，就像穿着背心短裤站在珠峰脚下，他知道应该把自己包裹得严严实实，但他没御寒的衣服啊。

那么我是怎么帮小马摆脱困境的呢？我只用了一句话：相信明天会更好！让他把这句话搁在心里，挂在嘴上。每天晚上对着镜子说一遍，躺在床上想一遍。可能有人会觉得这就是心灵鸡汤，骗人的。对，这是一句心灵鸡汤，但绝对不是骗人，这是心理暗示，这是自我期许。

长跑传奇运动员艾米尔·扎托贝克曾说过，实力再强的马拉松运动员，在比赛中，都会经历体能临界点，感觉筋疲力尽，脚步沉重，觉得再也跑不动，恨不得就地躺下。而他在每一次遭遇体能临界点的时候，就告诉自己："再坚持一下，会好的。"帮助专业运动员渡过难关的，就是一个心理暗示，一句鸡汤。因为在某些时候，除了坚持，我们什么都做不了。在这种时候，你觉得是相信明天会更好对你有帮助，还是未来很绝望对你有帮助？比如小马，他的生活在短时间内能改变吗？他既没有"干翻这个世界"的能力，也没有"世界这么大，我想去看看"的洒脱，他有的只是充满压力的生活和现实。那么在此时此刻，他是应该快乐地坚持下去，还是绝望地结束一切？如果我们无法立刻改变现状，为什么不能快乐地过好当下？为什么不能憧憬光明的未来？很多宝妈都会强制孩子吃蔬菜，因为蔬菜有营养，必须吃。但孩子却总是抗拒味道寡淡的蔬菜，这时候孩子该怎么办？如果一定要吃，那为什么不对自己说，蔬菜很好吃，我爱蔬菜。小马真的每天晚上对着镜子说一句："明天会更好。"压力还在，房贷还得还，工作还是高强度，但渐渐地，小马就感觉好像不那么累了，因为心不累了。当觉得每走一步，就离目标更近一点的时候，就会觉得生活有了意义，也就不再那么难过了。《圣经·创世纪》中说："神说，要有光，就有了光。"小马发现原来人也是可以主宰自己的生活的，如果坚信明天会更好，于是明天就真的更好了。这就是心灵鸡汤的力量。

著名主持人白岩松说过，生活中只有5%是快乐的，也只有5%是痛苦的。我们就为了那5%的快乐，忍受着5%的痛苦，经历着90%的平淡。这是生活的本质。所以别每天盯着那些淋漓的鲜血和惨淡的人生，我们就是想好好过日子，多接受一些快乐的信息不好吗？多找一些快乐不好吗？感觉生活充满阳光不好吗？在我们的心里盖起一座房子，面朝大海、春暖花开不好吗？既然生活中的快乐和痛苦是一样多，那你是愿意关注快乐，还是愿意关注痛苦？没人愿意整天活得"苦大愁深"吧？所以，心灵鸡汤没害过谁。

人们对心灵鸡汤诟病最多的就是说它粉饰太平，麻痹精神，让我们安于平庸。可你们有没有想过，这些不是心灵鸡汤的错，而是痴迷心灵鸡汤的错。人参再补也不能当饭吃，凡事都有度，而心灵鸡汤的作用，就是让我们的心灵获得安慰。

《庄子·人世间》里有句话，说："知其不可奈何而安之若命，德之至也。"意思是明知做不到，无可奈何，那就顺其自然，这是人生的最高境界。谁能说这不是一句鸡汤？谁又能说这不是一句哲言？什么是做不到？让地震、海啸、台风不发生就是做不到。什么是无可奈何？小马每天的工作、每个月八千多的房贷就是无可奈何。面对这些，除了顺其自然还能怎么样？跟天斗？我命由我不由天？醒醒吧，我们不是哪吒。这时候，一碗心灵鸡汤就显得弥足珍贵了：顺其自然，明天又是崭新的一天。

而且人们只说心灵鸡汤萎靡了人的精神，可有多少次，当人们孤独寂寞的时候，当人们感到万分悔恨甚至开始怀疑人生的时候，是心灵鸡汤成了你黑暗生活里的唯一灯盏，带着你重新走进光明。谁的人生可能都会遭遇几次"真的快撑不下去"的节点，前进无门，后退无路，朋友都离你而去，亲妈的电话也暂时无法接通。在这样

第二讲 认知升级，跨出思维误区

的处境里，我们怎么办？放弃，破罐破摔，让坏变得更坏？还是熬一碗浓浓的心灵鸡汤，给自己鼓励，挺过这段艰难的日子？

说到这里，各位还觉得心灵鸡汤没用，或者有害吗？的确，心灵鸡汤不能让你成功，可那些贩卖焦虑的知识能让你们成功吗？你们只能帮贩卖焦虑的那个人成功，而人们买来的，往往只有焦虑。可心灵鸡汤，却能温暖你们的心。

好多人理想的工作状态都是活少、钱多、时间自由，可他们真实的工作状态却是钱少、活多、加班加点。这个时候怎么办？是咒骂世界骗了你还是自暴自弃？都不行。该做的是喝着心灵鸡汤，脚踏实地地努力。美国史学家卡维特·罗伯特有一个堪称伟大的理论"罗伯特定理"。他认为，"没有人会倒下或沮丧而失败，只有他们一直消极才会失败"。也就是说，除了你自己，没有人可以打败你。没有人是一无是处的，也没有谁的生活里只有失败，是人们将消极和沮丧无限放大，完全覆盖了自己的精神世界。假如在开始之前你就预设了自己的失败，那又怎么会成功？如果你把眼前的困难当作终身的宿命，那又如何能走出困难？真正击败一个人的，往往不是他们正在遭遇的困境，而是他们"失败者"的自定义，坏情绪才是人生的"大规模杀伤性武器"。每个人都曾是新来的，每个人都能在世界上为自己赢得一席之地。从无到有的过程是必须的，而在这个过程里，苦难挫折不可避免，及时地脱离坏情绪，就是避免了最严重的潜在危害。所以，我们需要心灵鸡汤为伴。

那些人到中年，事业陷入瓶颈，孩子翅膀长硬，肚子越来越大，头发越来越少的人们，恐怕没有谁会满意自己变成这个样子，可这却是人生的必经之路。当你从生活中的一个又一个细节中体会到"一叶知秋"的时候，该怎么办？抓着自己已经所剩无几的头发哭喊"我不要"吗？人到中年多油腻，想不想要都由不得你。这个时候，人们除了每天给自己的保温杯里放进几粒枸杞之外，还要常备心灵鸡汤，默念"知其不可奈何而安之若命"。这也是心理学中的一个基础理论："安慰剂效应"。这个理论是指，虽然人接受了无效的治疗，但因为相信治疗有效，会让患者的症状减轻。把这种理论理解为"善意的谎言"也无不可，但这绝不是欺骗。就比如拔牙，拔牙那一刻的痛是不能避免的，但在拔牙之前，医生告诉你拔牙很疼和拔牙不疼，你的感受是完全不同的。如果告诉你很疼，你在拔牙前一小时就已经浑身冒冷汗了；如果告诉你不疼，你只有在拔牙的那一刻才会感受到疼，而且疼会很快过去。这就是心理暗示的力量。

"安慰剂效应"是人为营造一个更好的心理环境，从而让人更自如地接受那个不可避免的结果。人高低贵贱各不同，但不管是什么样的人，都要面对同样的结局，如此一来，过程就显得非常重要了。当不想发生的某些事情不可避免地要发生时，多给自己一些好的暗示，多给自己一些快乐。谁不是在时间的地铁上从"童年站"坐到"暮年站"？不是每个人都能成功地老去，但每个人都可以优雅地老去。

我们曾经都做过那样的梦，要让世界因为我们而有点不一样，

第二讲 认知升级，跨出思维误区

后来才发现，世界从来不会为谁改变。我们确实是这世界上独一无二的自己，但却是独一无二而普通的自己。我们不但改变不了世界，有时候连自己的生活也改变不了，我们也有很多难过但谁也帮不上忙的时候。还有好多次，我们只想放弃。这些时候，就是我们需要心灵鸡汤的时候。困难，我们可能再走一步就过去了。希望，我们可能再坚持一下就发现了。幸福，我们可能再等一等就到来了。生活中不都是美好，但人生中充满美好。不让失望遮蔽了生活中的光芒，这就是心灵鸡汤的作用。

4. 找个精神导师，提升自身层次

2019年有一部非常火的电视剧叫《都挺好》，这部剧带火了一个话题：原生家庭。

原生家庭是个中性词，没有任何褒贬的意思，而人们热烈讨论的其实是什么样的原生家庭，好或者不好，大部分都是不好。所以当说到原生家庭的时候，实际要说的是"我爸我妈非常差"。一部电视剧，给了好多人一个抱怨爸妈的机会，好像自己没成功就是让原生家庭耽误了。

我们今天不讨论抱怨爸妈对不对，我们只说一个事实，就是很多父母确实有问题。我们今天讨论的，是当我们的原生家庭有问题的时候，该怎么办。有些人又说了，父母就算有问题，能有多大问题，有几个父母是杀人放火抢银行的？可我想反问一句，难道只有杀人放火抢银行才算是问题吗？把丝袜套头上的不都是劫匪，也可能是精神病。

我们说原生家庭有问题，不是指父母的社会地位低，经济条件差。大家应该都读过朱自清的《背影》，他的父亲就是那么一个有点笨拙有点"迂"的普通人，可这样普通的父亲，也一样能让作者感动落泪，这并不是有问题的原生家庭。而那些能随便给儿子几个亿创业资金的父亲，也不见得就是完美的原生家庭。我们讨论的原生家庭问题，是思想，是精神，是言传身教出了问题。

那面对这样的爹妈我们该怎么办呢？断绝关系？肯定不对。谁不犯错？那有人会问，又不能断绝关系，又不能听父母的，那我该听谁的？我的答案是，谁对听谁的。有一句歌词，"走吧，走吧，为自己的心找一个家"。我给我学员们的建议就是，"走吧，走吧，为自己的精神找一个妈"。实际上就是给自己找一个精神榜样，让这个榜样来指引你走上正确的道路。有谁在年少无知的时候不需要指引？所以才有那么多优秀的老师成了学生一生的榜样。可能会有人说，没有不疼儿女的父母，父母难道还能害孩子吗？拿父母做榜样有什么不好？也许没有蓄意害孩子的父母，可不自觉的伤害就不是伤害吗？不自觉的伤害是什么？就是社会道德教你要拾金不昧，但三观不正的父母会教你看到别人钱掉了要偷偷用脚踩住，趁人不备捡回家。以这样的父母做榜样，孩子长大了会变成什么样子？如果总是等不到别人掉钱，从别人兜里偷也不是不可能。这就是不自觉的伤害。

我有个学员，叫小惠，单亲家庭，妈妈是一个锱铢必较、尖酸刻薄的人，不占别人便宜，但别人也休想占她一点便宜，她可以因为买白菜少给一两而与菜贩吵两个小时。所以小惠几乎是在人际交往的孤岛中长大的，因为没人愿意跟她妈妈来往。而一直以来，小惠就像周杰伦唱的那样，"听妈妈的话，不让她受伤"。她大学毕业、踏入社会之后，用的就是妈妈的行为方式，工作上不会多做一点，也不会帮同事任何忙，管好自己，不管任何人。但职场毕竟不是弄堂,不能像"包租婆"那样对待领导和同事,于是小惠妈妈又给女儿想了一个不能反驳的理由——大姨妈!就这样,小惠为了各种拒绝的需要,让"大姨妈"存在了一个月。她自己还泰然自若,可公司里的所有女同事都不淡定了,纷纷劝她去看医生。无奈之下,小惠在半年里换了三份工作,这让她怀疑自己,是不是真的应该去看看医生。

在接受了我的建议后,她给自己找了一个精神上的导师,重新学做人。她的精神导师是卡耐基。小惠把《人性的弱点》中的一句话引为座右铭:"最重要的,不是别人有没有爱我们,而是我们值不值得被爱。"卡耐基有个特点,就是如果你只是看看,那他写的东西就跟心灵鸡汤无异了,可如果你真照他说的做,也真的能够受益终身。小惠是后者。现在的她,待人热情真诚,会照顾别人情绪,学会了聆听,经常主动帮助身边的人。如今年纪轻轻的她已经成了公司里的"知心姐姐",每个人都愿意跟她分享心事,她成了不可或缺的人。而她对把她辛苦养大的妈妈依然非常尊敬,因为卡耐基还说过:"感恩是极有教养的产物,你不可能从一般人身上得到,忘记或不会感谢乃是人的天性。"

小惠的变化在心理学上叫"角色效应",这个理论的意思是说人在现实生活中,以不同的社会角色要求自己,久而久之,这种"角色扮演"就会引起心理或行为上的变化。因为过去源于母亲的言传身教,小惠的"角色效应"是被动地受到母亲影响,而当选择了卡内基这个精神导师之后,她的"角色效应"对象就成了卡内基,她会有意无意地在言行举止上效仿卡内基，成为卡内基。这个精神上的导师，彻底改变了小惠的人生，帮她解除了原生家庭的诅咒。

我还有一个同学，少年时期就立志成为一个作家，但因为家里的干涉，最后学了理科，毕业之后在一家工厂做了工程师。但他对写作的热爱从没变过，白天正常上班工作，晚上写作到下半夜，每天只睡三四个小时，特别累，但还不敢和人说，因为父母根本不支持，父母对他的要求是好好工作，尽快买房。每次打电话，他妈妈都会跟他表达期许，说他工程师的爸爸已经给他未来的家设计好了装修方案，而且每个月都会调整一遍。而他的教师妈妈正在给未来孙子或孙女取名字。父母之间还因为他经常吵架，因为他爸在设计装修方案之余还总干预他妈给未来孙子孙女取名字。我这位同学已经身心俱疲了，还得安慰他妈，承诺未来孩子的名字就让她说了算，谁想干预都不行。

背负着这样的家庭，他好多次都要崩溃了，最后让他挺过来的是他喜欢的歌手——谭咏麟。我同学只是喜欢他的歌，不是想永远25岁。因为喜欢听他的歌，我同学了解了他成名前的故事。谭咏麟在成名前有一份正式的工作，有一年多的时间，他每天早上7点上班，下午7点下班，下班后去酒吧唱歌，从晚上8点唱到第二天清晨5点，然后回家洗个澡睡一个小时，7点再去上班。他负起了自己的责任，也没放弃自己的梦想，重点是，他靠自己，都做到了。我同学以谭咏麟为榜样，坚持了两年，直到他的第一本小说出版。谭咏麟这个榜样坚定了我同学的信心，也激发了他的潜能，这在心理学上叫"自我选择效应"。意思是说什么样的选择决定什么样的生活，当认定某一种生活方式之后，就会慢慢形成向这条路走下去的惯性，并且不断自我强化。谭咏麟成名前的这段经历深深影响了我的同学，让他选择了同样的生活方式，不断强化，最后让他克服了来自外界和内心的困难，实现了理想。现在他已经是一个全职作家了。我不止一次听他说过，如果没有谭咏麟这个精神导师，他坚持不到今天。

我们不能选择亲生父母，但我们能选择精神导师。很多父母都有这样那样的问题，做不了孩子的榜样，这时我们就可以找精神上的榜样，帮助我们成为更好的自己、更好的人。

孔子曰："见贤思齐焉，见不贤而内自省也。"意思是见到好的就想着跟人看齐，见到不好的就反省一下自己有没有这个毛病。这句话不但能让我们提升自己，还能让我们更正确地看待父母。父母身上有优点，要继承；父母身上有缺点，要引以为戒。其实父母也知道自己不完美，所以好多母亲都曾苦口婆心地教育自己的孩子："儿子，好好学习，别长大了像你爸似的。"

所以我劝大家，不要随波逐流，被身边的人和环境同化，如果我们身边没有值得学习的人，我们可以找到一个这样的精神导师，帮助我们提升层次，帮助我们进步。即便我们没有好的原生家庭，没有好的起点，但我们可以找一个新的出发点，一切都还不晚。说了这么多，貌似一直在批评父母，挑父母的毛病，那是不是大逆不道，是不是不孝顺？有人会说，肯定是不孝顺，孝顺孝顺，你都不顺着父母怎么能是孝顺。这是一个理解误区，顺在这里不是指顺从，而是指用最好的方式对待父母。如果父母错了,不但不能顺着父母,还要纠正父母。所以,拥有精神导师不仅可以让我们变得更好,我们还可以纠正亲生父母的问题,让他们变得更好。过去他们没得选,现在,你可以让他们做个好人。

5. 过什么样的人生，取决于和谁在一起

有不少学员都想问我一个问题，只是怕问出来之后被无情地开启群嘲模式，所以就让这个疑虑深埋心底了。其实我早就读懂了你们的心。你们不就是想问，成功有什么捷径吗？今天我就郑重其事地告诉你，成功有且不仅有一条捷径！跟着牛人学做牛人，就是其中最宽的一条捷径。

有句话说得好，近朱者赤，近墨者黑，近牛者牛。环境对人的影响真的很大。听说过榜样效应吗？一个以身作则的好领导，周身散发着磁力，下属就会自觉追随，就是我们平时所说的身教重于言传。都说榜样的力量是巨大的，一个牛人能带动一支团队，能指挥千军万马，靠的就是个人能力和魅力。而我们离牛人近一点，就是走进他的能量磁场，让我们也沾上一点能量。

相信每个人在自己的圈子里浸淫久了，对于圈里谁是牛人，心里早就门儿清。毕竟，能力这东西，虽然不如美貌那么一看便知，但是它是实打实的存在。能力就是一个人的锋芒，想藏也藏不住，想遮也遮不了。说到这里，你扪心自问一下，你和牛人的关系怎么样？走得近还是远？近期内有没有过深入的交流？我所说的交流，是关于本行业的技术、前景、人脉交流，而不是单纯地节日送祝福。

如果你的答案是走得特别近，那么恭喜你，你已经踏上了这条

通往成功的捷径,成功对于你来说,只是时间问题;如果你的答案是走得特别远,那么成功对你来说,也只是时间问题,只不过这个时间是遥遥无期。

为什么这么说?你要知道,牛人之所以是牛人,是因为他有自己的过人之处。作为后辈,想要尽快提升,除了跟随牛人的脚步,学习牛人的技法,沾染牛人的牛气,相信我,没有第二条更好的路。

你可能会说,牛人这么强,我要是故意接近他,那不成了巴结他了?你要是这么想,那可真是没救了。不过还好,我还是愿意伸手救你一把,告诉你,在没什么真本事之前,不要先长一身的傲骨。排骨还可以炖着吃,傲骨除了屹立在冷风中瑟瑟发抖,真没什么大用。人家古人为了学知识,尚且还不耻下问,你为了求发展,找大牛同行做朋友,谁要是认为你在巴结他,那我只能给这个人扣上一顶"居心不良"的帽子。

要知道,你与其和一群不怎么样的人穷乐呵,远不如和牛人吃一顿饭、聊一会儿天、散一次步的收获大。与优秀的人交朋友,能让你变得更优秀,这话不无道理。

哲学家吉米·罗恩曾经提出著名的"密友五次元理论":与你亲密交往的五个朋友,你的财富和智慧就是他们的平均值,这就是我们常说的"物以类聚,人以群分"。

因此,就算你敝帚自珍,对自个儿的工资讳莫如深,其实你那点工资早已经是公开的秘密了。我们每个人的财富、身体素质以及心智模式,基本上都能在与我们关系最密切的五个人的身上找到踪迹。

"你跟什么人往来,最终也会变成什么人。"你的时间耗费在谁身上,慢慢地,你就会变得像谁。

你和水平差不多的人混在一起,结局就是大家谁也别想进步,一起安于现状穷乐呵;你和不如你的人混在一起,最好的结局就是,你的水平止步不前,最可能的结局是,你的水平被不如你的人强行拖曳至他的水平线,你俩一起,一边退步,一边穷乐和;你和比你强的人混在一起,你现有的水平,就是你的底线。你未来的水平,只会越来越好。

所以,如果你懒得思考,那索性不要思考,自己希望变成什么人,就寻求机会去和这些人交往。当占用你时间资源最多的五个朋友的档次上升了,自己的段位也就上升了。

话说了这么多,相信聪慧如你,已经明白了和牛人同行的重要意义。那么现实问题来了,怎样才能和牛人做朋友呢?这里我给你支个着:具体策略就是,先拿小牛开刀,伺机接近大牛。

大牛是全行业的偶像,以你现在的水平,想要接近,恐怕难度有点大。这就好比人人都想接近女神,但女神的光芒太盛,一时半会儿近不了身。那没关系,运筹帷幄、苦练内功,等你成长为男神,就具备了披荆斩棘来到女神身边的可能性。

在你实力不行的时候,不要好高骛远接近大牛,要从接近小牛着手。从现实角度来说,小牛不那么瞩目,也没有那么高高在上,即便你现在干啥啥不行、吃啥啥没够,拿出一颗诚心来,再使用一点演技，想要把小牛打动，并非难事。

那么和牛人同行，要学对方身上的哪些东西，才对你的未来大有裨益呢？

首先，是技术。我和别的老师不一样，我始终认为，要行走在这个世界上，技术是第一要务。也就是说，你要有一技之长。对于大部分出身于普通家庭、一切都要靠自己的人来说，技术就是你的饭碗，是你活下去的最有力依靠。把小牛的业务水平、参考书目、学习资料、独家秘籍通通学到手，你就有了小牛的五成功力，这足以让你脱胎换骨，成为小牛的预备役——小小牛。

然后，是人脉。在中国，不夸张地说，90%的行业都需要人脉。在同样的技术水平下，能决定胜负的，往往就是你的人脉。成功人士都是不吝于分享的，只有穷人才小气得要死，结局就是越抠越穷，越穷越抠。等你和小牛混熟了，交好了，相信小牛会乐意把他的人脉分享给你。加以利用，让他的人脉成为你的人脉，再借此去拓展新的人脉，反过来还会造福小牛。这就是鸡生蛋、蛋生鸡的道理，子子孙孙无穷无尽。

还有，情商。牛人之所以成为牛人，就在于他是全方位的、多元化的、一体化的。智商和情商，哪一项都不能少。我们每个人都是社会人，和别人打交道、处关系，是每个人的必修课。观察小牛为人处世的方式，照猫画虎地学，哪怕一开始是东施效颦，但早晚有一天会运用得驾轻就熟。到时候，你和小牛的距离，就更近了一步。如果说之前你有了小牛的五成功力，现在至少有了七八成，很快就可以单打独斗，自成一派了。

所以，朋友们，不要沉迷于和猪队友一起打怪、一起吃鸡了。尽管和那些与自己水平差不多的人一起玩，容易获得旗鼓相当的快感，但是想要进步，跟牛人学做人，离牛人近一点，才是硬道理。

6. 哪有什么天才，只不过是刻意练习

不知道从什么时候开始，"工匠"一词流行起来，势头之迅猛，一夜之间，各行各业的匠人们齐开花，连街边的挖耳人，此时都摇身一变成为挖耳匠。借此东风，我国非遗申请数量急剧攀升。

当然，匠人并不是一个可以自封的称号，想被尊称一声"大师"，起码得是高手中的高手，江湖十大高手排行榜里要有你一席之地才行。这么一看，匠人的地位好像一下子被拔高了，成了一个可远观而不可亵玩的名号，似乎只有天才一般的人物才有机会获此殊荣。而提到天才，很多人都抱着敬而远之的态度，觉得自己此生都和这个词无缘。但是，在这个可以造神的时代，区区天才，有何不可？世界上大多被誉为"天才"的成功人士，其实都是智商在正常范围之内（60~132）的普通人。所以世界上根本没有那么多天才，只不过是一些普通人掌握了某种方法，从而变成了人们口中的天才。而这种能让普通人摇身一变，成为行业内顶尖高手的方法，就叫作刻意练习。

什么是刻意练习？简单来说，刻意练习就是在一个相对成熟的行业或者领域，在专业导师的指导下，遵循一定的原则所进行的练习。

之所以要强调"刻意"两个字，这就不得不提曾经风靡全网的

"一万个小时"学习理论了。自打这个理论横空出世，不少人都陷入了经过一万小时的学习后即可"脱胎换骨""羽化成仙"的思维。觉得熟能生巧，只要自己学够一万个小时，就能从普通人晋升天才之列，从此登上人生巅峰。

然而事实证明，"一万小时"的效果并不理想。大部分人在某个专业或领域花费了一万小时，甚至超过一万小时，结果依旧是"普通人"一位。问题出在哪里？主要原因就在于大部分人所做的努力，都是瞎努力。所谓的熟能生巧，只不过是在重复无意义的动作，而非着眼于某个专项技能所需的重复性练习。

举个非常容易理解的例子，每个经历过高考的人都经历了不止一万个小时的学习，可为什么有人最后进了985、211大学，有人就只能上"家里蹲大学"？其实出现这种差别的根本原因就是用没用对学习方法。换言之，根本原因在于是否进行了刻意练习。

没有方法论的头脑风暴都是耍流氓，所以接下来立马送上一些简单易上手的操作。那么如何进行刻意练习呢？首先，要发掘隐藏在某专业行业或领域背后的思维模型，用专业术语来讲就是构建心理表征。关于"心理表征"这一概念的解释大多模棱两可，有人将其总结为"套路"，即可以轻易从老师、网络等处获得的，已经经过实践检验的理论，比如围棋定式、编程算法、数学公式等。

拿号称"人类智慧的巅峰"围棋举例，每一位最后变成大师的棋手，必定花费了大量时间研究各类大家名手下过的棋局，俗称"打谱"。累积到最后，他们至少熟知了上万套棋谱，了解了大部分的套路，下起棋来才能更加从容不迫，得心应手。

2017年震惊围棋界乃至整个世界的人机大战，阿尔法狗对战李世石，棋圣聂卫平和围棋天才柯洁都看好李世石，认为他会轻松战胜阿尔法狗的情况下，结果大大出人意料，李世石最终以1∶4惨败收场。所有人都将目光集中在了"AI在某些领域已经超越人类"这一点上，但是仅从表面上看，阿尔法狗的胜利完全得益于它建立的庞大的棋谱数据库，阿尔法狗之父说"来自成百万的业余围棋比赛"，也有人猜测阿尔法狗数据库里至少存有3000万套棋谱，这是人类绝对无法匹敌的。掌握了3000万种套路，阿尔法狗将"人类智慧巅峰"玩弄于股掌之中简直轻而易举。

再说一个稍微轻松一点的例子。你相信一个身材五短三粗、抽烟喝酒又家暴的穷酸男人能结婚四次，而且次次对象都是女神级别的人吗？我想不仅你不会信，任何人都不会信。但是这种谁都不敢相信的事确实发生了，而且不止一两次。这种男人被称作PUA男，也就是经过系统化学习且通过实践让情商臻于完美的男人，他们通过打造出的"完美情人"人设，令无数少女、少妇就此失守。PUA其实就可以看作是一种套路，或者模式。而通过刻意练习，一些现实中的失败者就能成为猎物眼中的"成功人士"。

举这个例子并不是鼓励你去做这种无耻下流之事，而是想强调掌握了行业或领域背后的思维模型，对实现成功是多么重要。试想如果垃圾都能"变废为宝"，那么普通人想要达到某种高度，有什么不可能的呢？

其次，进行刻意练习，即重复训练。刻意练习的目的就是为了提高能力，这里所说的刻意练习中的重复训练，是针对专项技能的重复，而并非自动化的重复，即内容简单且固定不变的重复。

美国NBA巨星科比最著名的一句话莫过于："你见过凌晨四点的洛杉矶吗？我见过每天凌晨四点的洛杉矶。"他以此来表示自己的成就是通过不懈努力获得的。他每天四点起床，每次练习投篮1000个，跟每一个动作死磕，直到将动作化为下意识反应，不需要再计算球路就能准确投篮命中。并且，科比每日的重复练习也不是简单的重复，而是在重复中不断改进技术，这种日复一日的刻意练习，让他最终成为NBA史上最伟大的球员之一。

围棋高手柯洁的父亲曾经说过："下围棋，天赋很重要，努力也很关键。"柯洁从小就成为一名"北漂"，进入道场学习，每天都要进行大量的重复训练，后来化名"潜伏"在弈城网下棋，仅在2011年至2013年间，他就下了超过4000盘棋，不断重复的网络围棋训练，锻造了柯洁扎实的基本功，使柯洁拥有了后来爆发成名的实力。

再说说"阿里铁军"，它是一支帮助阿里巴巴走出低谷，熬过世纪之交互联网寒冬，名为"中国供应商"的队伍，被马云称作阿里的"铁军"，阿里多位高管都是出自这支队伍。而阿里铁军强大的销售能力从何而来？它的销售队伍是如何打造的？销售精英又是如何产生的？"阿里军校"首任校长李立恒在他的书中有所披露，就是通过重复、重复、再重复这种持久性刻意练习，将销售思维以及所有销售行为变成一种下意识的习惯。正是因为这种刻意练习，让阿里销售团队的无数菜鸟，变成了年薪百万、千万的销售精英。

最后再说说钢琴这门高雅艺术，中国有超过3000万人在学习钢琴，但这么多年也就出了郎朗这么一位世界级的钢琴家，最后能被称为"大师"的人也屈指可数。究其原因，主要就是因为大部分练琴的人都只是在做自动化的重复，而不是针对关键技能进行重复练习，比如音阶、八度、手指的独立练习等。钢琴之王李斯特即使技巧已经非常纯熟，但是仍然不忘基本功，三度、六度、八度、指法练习以及震音等，每天都会重复练习，这才有了他无可匹敌的"王"的宝座。业余人士和专业人士的区别就在这里，专业人士会花大量时间做能提高能力的刻意练习，比如运动员99%的时间都在做针对技术动作的基础训练。

所以，避免自动化的重复是刻意练习的重点，另外注意要在学习区而非舒适区进行练习。做好这步，"成神"之路就算走了一半，封神榜上你的名字也算有了一撇。学习区是理学家诺埃尔·蒂奇提出的同心圈理论中的概念，将同心圈分为舒适区、学习区、恐慌区，学习区的内容多为你知道但没有掌握的知识或技能。

再次，寻找或建立反馈机制，"发现问题，解决问题"。寻找或建立反馈机制能帮助你及时发现错误或需要改进的地方，以便你能及时校准，避免因为错误的重复练习方式，而影响最终练习的结果。

还是拿最让人们头疼的学习问题举例，为什么坐在同一个班里，用同一本教材，受教于同一位老师，做大量习题，最后学习效果却迥然不同？有人几乎科科满分，有人却门门挂科。二者的根本区别，我个人认为就在于有没有建立反馈机制。学霸之所以成为学霸，就是因为他能对所学的内容、所做的重复性练习做到及时、准确的反馈，进而做到错过的题不再错，踩过的雷不再踩，在练习、纠错、改正的这一过程中，实现进步和成长。而学渣之所以成为学渣，就是因为他们永远都在重复犯同一个错误。

当然，学霸的反馈机制是一种内部反馈，是一种通过长期练习后获得的技能。我们通常说的反馈机制多数指外部反馈，比如考试、比赛、公司业绩评估等。通过外部反馈，我们刻意练习的结果能得到外部的检验和纠正，进而达到"被动自省"的效果。

美国加州大学洛杉矶分校篮球队12年内10次获得美国大学体育总会冠军，能获得如此成就，或许要归功于该队的教练约翰·伍登，他是美国史上最伟大的篮球教练之一。很多人试图窥探他的执教秘诀，以求复制他的成功。心理学家对他的训练课程做过全程观察和详细记录，结果表明，在训练过程中，约翰·伍登很少说"废话"，他发出的大部分指令都是对球员及时具体的反馈，即对球员动作的指导和纠正，避免球员对错误动作形成习惯。正是因为约翰·伍登及时有效的反馈，球员们刻意练习的结果才不至于往错误的道路上发展。

无论是内部反馈还是外部反馈，以错误为中心，做好及时纠正，把正确的套路内化到大脑中，那么从一个普通人成为高手中的高手则指日可待。

第二讲　认知升级，跨出思维误区

在马修·萨伊德所写的《天才假象：从刻意练习、心理策略到认知陷阱》一书中，其中一个观点也是在讲刻意练习。在该观点当中，马修·萨伊德提出了这样一个问题：为什么很多家长很早就对孩子进行了潜能开发，但是到最后有所成就的只有极少数孩子？作者认为答案就在于他们是否真正拥有刻意练习的原动力，以及是否做好了打持久战的准备。任何天才都不是一蹴而就的，要认识到获得成功是一个长期的过程，三天打鱼两天晒网是绝对难成大事的。

关于如何保持动力，马修·萨伊德认为一个人的思维模式非常重要。通常来讲，人的思维模式分为两种，一种是固定型思维模式，一种是成长型思维模式。其中，拥有成长型思维模式的人更能保持动力，因为他们总是相信自己的能力是和努力挂钩的，只要足够努力就一定能够提升自己。

大多数成功的企业家无一不是成长型思维的人，即相信勤能补拙。提出过"一亿元小目标"的王健林就是其中典范，他自己也亲口承认，有人把他称为中国最勤奋的企业家，他觉得很靠谱。网上曾经爆料过王健林一天的行程，早上四点钟起床，晚上七点到达北京办公室，途中经历了两次飞行，参与了三场活动。六旬老人有此精力，让人不得不为他的勤奋咋舌。

在"2019天府论坛"上，王健林的发言提到了四点内容，他希望川商"多一些理想，少一些安逸；多一些创新，少一些勾兑；多一些勤奋，少一些麻将；多一些善事，少一些伪劣"。他还强调，"没有一个企业家是玩耍出来的，都是奋斗出来的"。最后，王健林还提到了中国的工匠精神,他表示:"中国如果没有工匠精神,再过100年也出不了奢侈品,奢侈品不是指它的价格,而是它的质量和文化。"王健林有此觉悟,说明在做企业这一技能上,他也是可以被称之为匠人的。

最后,在刻意练习中也要保持专注。专注被视作成为"天才"的秘籍,这里说的专注,是指一直坚持做同一件事,经年累月在自己的领域里耕耘不辍,便能达到成功成名的目标。

心理学家丹尼尔·戈尔曼在他的著作《专注》一书中提到:"专注力比智商更能影响一个人的最终成就。"

丁肇中先生在1976年,以40岁这个在物理学界算稚嫩的年龄,获得了诺贝尔奖。有人曾经问他,他能取得如此成就,是否是因为"天赋"。丁肇中却回答,他只是比一般人更专注于工作而已。"40多年里,我百分之百的时间都在做实验""我的生活非常简单,除了实验,什么都不做""跟我一起工作的人,我唯一的要求就是只跟我谈论和物理有关的内容,其他我都不了解"。正是因为几十年如一日,全身心投入到一件事情中去,丁肇中才会获得如此成就。

曾国藩曾经说过:"凡人做一事,便须全副精神专注在此一事,首尾不懈,不可见异思迁,做这样,想那样,坐这山,望那山。人而无恒,终身一无所成。"这话的意思也是在说,若想学有所成,专注是必要条件。

日本工匠精神的代表之一,寿司之神小野二郎,想必大家对他的故事都非常了解。小野二郎就是几十年如一日地专注在寿司上,对工作精益求精，甚至到了吹毛求疵的地步，最终在一个领域做到了极致，成了人们口中称颂的"寿司之神"。

吉格定理曾提到："除了生命本身，没有任何才能不需要后天的锻炼。"上帝给予了一个人天分，但只有依靠勤奋，才能将天分变为天才。而作为连天分都少有的普通人，刻意练习才是成为天才的不二法门。当我们完全理解了刻意练习的含义，或许就会发现，我们离成为天才其实只有一步的距离。

7. 警惕消费主义，树立正确的消费观

我有一名学员，在时尚媒体做编辑。前几天他跟我说，他们公司一个刚毕业的编辑自杀了，万幸抢救及时，人没事。我问他这个同事为什么自杀？他说起初以为她是因为失恋，但后来才知道，她办了好多信用卡，又在很多网络平台贷了款，最后因为信用卡还款逾期，一夜间多出几十万的债务，加上失恋的打击，这才一时想不开。

我问学员，这姑娘是家里有什么困难要用钱吗？学员说她没困难，家里条件也不错，这些钱都用在了"日常开销"上。

我吓了一跳，严重怀疑我和这姑娘对"日常开销"的理解不一样。我对日常消费的理解就是量入为出，拿着工资单归类适合自己的消费档次。如果只是日常开销就能债台高筑，那我就忍不住想问一句："一个月挣多少钱自己心里没数吗？"

这个姑娘挣多少钱心里一定是有数的。她的问题是花多少钱心里没数。严格地说，她被消费主义"绑架"了，不停地借钱交"赎金"，直到最后，选择把自己"撕票"。

在当下这个色彩斑斓的社会里，已经形成了很多消费"常识"。有些还算矜持，只是瞪着眼睛跟你说："你值得拥有。"而有些消费常识，是拽着你脖领子告诉你："你必须拥有。"如果没有，你就是

鄙视链末端的存在。

这种消费常识是怎么形成的呢？简单说来，和如何把大象装进冰箱一样，也分三个步骤：制造意义、制造稀缺、制造需求。通俗来说，就是先告诉你这个东西有多好，然后说这个东西非常少，最后说没这个东西你活不了。也就是忽悠，拿出一副拐，说拐很好，然后说拐稀少，最后说你得拄拐啦。

说回这位姑娘，她干的就是建立消费常识的工作，属于"制造意义"的人，负责告诉人们某个包包就是你的宝宝，某件外套就是你的依靠。别人信不信先不说，反正姑娘自己信了，每个月都要买两样自己推荐的奢侈品，直到把自己推上绝路。她是只有推荐奢侈品的命，却得了迷恋奢侈品的病。

这个姑娘的例子当然很极端。但"必须要买"的认知，在很多人心里已经根深蒂固了。某个牌子的手机又出新了，小王觉得有必要买；某个牌子的鞋预售了，小李觉得必须得买；某个牌子的包包出限量版了，小薇觉得必须要买。要买的太多，忘了挣得不够多，一通消费下来，到月底才猛然发现，哎呀，没钱了！到了这个时候，你就已经套上了绳索，被消费主义"绑架"了。还有就是，当风气形成之后，作为个人也很难独善其身了。《乌合之众》里面说过，当一个人在群体中的时候，就不再是一个"人"，而是一个"群体中的人"。比如说你身边的人，每人都戴一顶帽子，而你没有，就会觉得抬不起头，就会马上去买一顶戴上。这时候你买的东西，就不是为你自己买的了，你很可能是被消费"绑架"了。

用绑架这个词，我一个朋友就不同意，他说："谁也没被强迫消费，都是自己愿意的，东西不都是给自己买的吗？穿着名牌衣服出去浪的是你，还不上信用卡，哭着喊着被消费绑架的还是你！"听起来也很有道理。确实，那个姑娘花的每一笔钱都是她自愿的。但再想想，就会发现，这个姑娘的自愿就像是大师兄用金箍棒画的那个圈，在这个姑娘说出"我愿意"之前，已经在圈里了。电影《盗梦空间》中小李子设计一场场梦境，让人在梦里自嗨，最后输掉所有。

这个姑娘每一次买东西的欲望，都是一个梦境，让这姑娘在梦里得到了好多。这些花钱买来的梦千差万别，但在梦里体验到的爽，大概只有三类：自由感、平等感、阶层提升感。不过这都是梦里得到的，所以前头要加个"虚拟"。

虚拟自由感是你想买什么买什么。说女人应该对自己好一点，其实就是说女人应该多花点。于是开心了要买东西奖励自己，不开心要买东西安慰自己。因为花钱才快乐，因为消费才自由。没有什么可以阻挡你对自由的向往，但债务缠身时的那份痛苦绝望，同样没人替你挡。

虚拟平等感是你有什么我就要有什么。成年人都知道，生活质量是长期积累的，一个汉堡可以想买就买，一辆车你只能想想而已。我们不能轻而易举当经理、做主管，现实可能是你在高级公寓里吃蛋糕，我在出租房里啃面包，但我们还可以拿同一个牌子的电脑包，用同款的剃须刀。

虚拟的阶层提升感，就是阿Q试图姓赵，好像姓了赵，就跟赵太爷一样了。用一款明星用的彩妆，我就是明星。系一条高端皮带，我就是成功人士。买栋房子很难，但一身昂贵的西装，也是一个能让自己有成就感的小目标。

这几种感觉，明显都是镜花水月，梦幻泡影，同心灵鸡汤一样，都是精神安慰剂，区别只是消费带来的感觉更刺激，但也更贵。消费主义看起来是在追求有形的东西，实际是在追求无形的理想。以为信奉了消费主义，就能戴上人生的王冠，最后的结果，却是沦为物质的奴隶。

这么说可能有人就不高兴了，我们每天像蜜蜂似地辛勤采蜜，自己一点甜头也尝不着。搬砖盖房的是我们，喜提豪宅的却是别人，我们活得还不够难吗？我们花钱买个开心怎么了？

这个逻辑听起来无懈可击，好像是给自己的悲惨人生里留下了最后一点爱，可这也有可能是在梦境里的又一个梦。《庄子》里有句话："物物而不物于物。"意思是驾驭外物，而不要被外物驱使。真正能让你获得自由、平等，让你提升阶层的，是脑子里的干货，而不是头顶的帽子。让你美丽的，是自信阳光，不是脸上的彩妆。提升自己，靠的是切实的努力，不是一套衣服。身外之物再贵重，也只是加分项，真正"值钱"的，还是你本身的能力。每个人的能力有限，精力有限，赚的钱也有限，所以怎么花就变得很重要。理财、消费观这样的词汇听起来没什么温度，用接地气的表达方式，就是长点心吧，钱别乱花。

有效奋斗

如果说人生也是打怪升级,那你辛苦打怪得来的金币,是买一套漂亮的衣服,让自己看起来很拉风,还是买一把更好的刀,尽快升级,早日脱离打小怪兽赚钱的苦逼生活?设想这样一个情节,你在城中村的出租屋里清点自己过时的衣装,细细算来,买这些皮革、纺织物、合成金属的钱已经够交房子的首付了,而你的同事上周刚刚乔迁新居。钱可能只有一种赚法,但换一种花法,人生可能就会不一样。

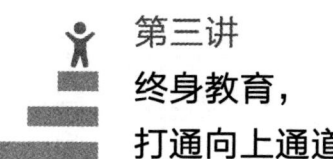

第三讲
终身教育，
打通向上通道

1. 你参加的不是高考，而是改变命运的机会

"知识改变命运"这句话绝对是真理，"读书无用论"不过是学霸的谦辞和学渣的借口罢了。

高考难吗？我必须承认高考的确很难。几千个单词，上百套试卷，几百万考生同场竞赛。在河北和山东这样的生源大省，"提高一分，干掉千人"绝不是危言耸听。那我为什么还要说它简单，而且是捷径呢？因为相较于你之后的人生，高考有着这个世界已经稀缺的特质——公平。

之前有一个学员向我倒苦水，说进入大学后他发现这个世界太不公平了，为什么有的同学暑假经人引荐就轻松进了500强企业实习，而他只能在街头发传单？为什么有的同学小小年纪已经去过几十个国家，而他连国门都没迈出过？为什么有的同学能穿八千的鞋、背两万的包，而他连高仿都买不起？

在回答这些问题之前，我也问了他一个问题，为什么你直到进入大学才意识到这些问题？转念一想，哦，他刚刚参加完高考。要知道，18岁的那个暑假之后，大家的人生便开始分叉。他还没有意识到，人生最公平的一场战役已经打完了，未来的漫长岁月里，有无数的苦难、竞争和殊死搏斗，没有裁判说点到为止，没有对手见好就收，最关键的是，没有丝毫公平可言。

有效奋斗

哲学家罗尔斯在《正义论》中提出了一个概念，叫"分粥规则"。几个人同食一锅粥，在没有称量用具的情况下，无论由谁来主持分粥事宜，永远是自己碗里的粥最多，因为绝对的权利导致绝对的腐败。几经试验，最后采用的方法是轮流分粥，但是分粥者最后一个领粥。为了保证自己不喝到最少的粥，每个人都尽可能地做到公平。所以尽管每个人都有着利己的天性，但是这并不妨碍一定的公平。

分粥规则适用于所有关乎国计民生的公共行业，大众经过反复权衡，最后会得出一个清晰、精妙、简洁高效的社会制度，比如高考。

我说高考简单且公平，因为你可以通过自己的奋斗，进入名校，和高知分子的孩子住在同一寝室，和名流富商的孩子成为同班同学。你可能受教于国际一流专家、某专业的殿堂级大神、某领域的学科带头人，从而给自己的未来铺就一条金光灿灿的通天大道。我们都说现在寒门很难出贵子，因为这种打破阶层、向上攀爬的过程过于艰难，我们有很大概率随波逐流，活成我们周围人的样子。链状效应告诉我们，个体和周围的环境、人物相互作用、相互影响，通俗点说就是"近朱者赤，近墨者黑"。一流大学筛选出较有潜力的学子，配备了一流的专家和教授，在环境的影响下，你会和他们越来越相似，也就是越来越优秀。你说你的同学们能进五百强、能背几万元的包，那又如何？他们也和你一样曾面对同一场考试，并且以旗鼓相当的分数进了同一所大学，甚至现在同吃同住。如果不是高考，可能你一辈子也无法接触到这些人。因为高考，你们的人生才有了交集，甚至有了让你成为"他们"的可能。由此看来，高考不仅仅是一场考试，它给了你家庭之外的第二个人生起点。

高考的前身是科举制，在中国有1000多年的历史。古时候，穷苦人家的孩子想逆天改命、荣宠加身，除了上战场就是上考场。中国很多朝代重文轻武，即使政权更迭、混战不休，科举制几乎雷打不动。在封建社会，士农工商的阶层划分严格且难以逾越，后三种人想跻身第一种人的圈子，参加科举是最优选。而在现代社会，高考是改变命运的最佳捷径。这世界上再也没有比高考更公平的考试，能让孩子们无视出身、性格、社会资源，用知识和大脑进行一次平等的对决。

很多人会辩解，我不是吐槽高考，我是吐槽这种教育模式在压抑孩子们的天性。压抑天性也要看对谁，对于本身就接受精英教育的孩子来说，你让他们释放天性，他们会抽时间去弹琴、画画、插花，但是如果你让一个放羊大叔的儿子释放天性，他充其量就是换换口味去放牛、放马。你的压抑天性，是某些人朝思暮想、求而不得的大好机遇。

令无数学子闻风丧胆的衡水中学听过吧？如果那里真的是人间炼狱，为什么还有家长想方设法把孩子送进去？他们就如此舍得？为什么有些孩子心甘情愿进衡中，而且甘之如饴？因为家长知道这是一场脱胎换骨的渡劫，用三年时间，换光彩一生，值！而孩子也知道，除了拼高考成绩，他毫无倚仗，只能去挤这座独木桥。

二八定律隐藏在社会的方方面面，不仅是财富的分配，教育资源的分配也更多会向一些高质量的院校倾斜。中国的985、211院校数量只占本科院校的14.3%，但是却拿走了政府科研经费的七成。2019年，清华的财政拨款近300亿元，中国有八所院校拨款都超过了百亿元。学校的钱，到哪里去了？自然是落到了每个学子的头上，比如教室、宿舍、食堂、实验室和报告厅等硬件设施，还有各项文化交流、专业竞赛、奖学金助学金等方面。想得到更加优质的教育和文化资源，不需要你文武兼备、多才多艺，只需要你答几张试卷，你依然觉得这不是最简单的路吗？

当然啦，很多人没有走高考这条路，日子照样活色生香。细数数，其中不乏名流。但是这种通过天赋和努力以及几分运气才跻身上流社会的例子，你觉得有模仿的可能性吗？我们注定要在成人世界里杀敌打怪，为什么不趁还在学校的时候，通过学习、通过高考，多握几分筹码在手里？

如果你上了双一流的院校，你的人生就多了一块金字招牌。如果你上了普通院校，也算贴了张还不错的标签，就算你读了三本、大专，你也勉强得了一张和优秀人才同台竞技的入场券，没准还可以靠能力杀出重围。如果不走这条路，不知要奋斗多少年，才有可能和精英人士一起喝咖啡。

这个社会，高考和什么息息相关？学识、气质和修养。腹有诗书气自华不是说说而已。通过高考，你可以成为文坛巨擘的爱徒，科技大牛的小跟班，跟着学个三年五载，不仅能得到工作机会，增长的学识阅历也能让你受益终身。

你们都应该听过一种动物，叫作"獒"。据说年幼的藏犬通常会被关在一个没有食物和水的封闭空间中互相撕咬，最后能活下来的犬就是獒。这种残忍血腥的竞争给企业的提示是，竞争是造就强者的学校。相比之下，高考的竞争就温和文明得多，落败的下场不是必死无疑，但是赢家真的可以通吃。所以在高考这个关卡上得分最多的人，想必也是一定程度的强者了吧。很多年轻学员会在高考前夕让我给他们送几句祝福，我说不出"愿大家金榜题名，考上梦想大学"这类冠冕堂皇的话，因为这本身就是个悖论，高考是一场残酷的竞赛，有赢家就有输家，赤裸但真实。所以我只能祝愿我的学员，尽你所能，把更多的竞争者斩于马下。

高考难，人生亦难。那么两者究竟谁更难呢？歌曲《钟鼓楼》里有一句"是谁出的题这么难，到处都是正确答案"，现在我问你，到底是一张有标准答案的试卷更难，还是充满无数无解难题的人生更难？

2. 报考专业别盲目，提前做好调研

  1992年，日后在中国电商市场上翻江倒海的宿迁少年刘强东，带着全村的鸡蛋和期许，在拖拉机轰轰烈烈的祝福声中，踏进了中国人民大学的校门。他报考的是社会学，打算走的是仕途路线，要从事的岗位是市长。结果他的老师告诉他：社会学无法让你当市长，但当个居委会办公室主任还是有机会的。

  日后这个故事成了在民间口口相传的佳话，刘总弃政从商，被视为"良禽择木而栖"的代表。不过这个故事还有另一个侧面值得研究一下，那就是考生对报考专业信息的了解不足。

  我大学学的专业是英语，这个专业简单透明，闭着眼睛都很难选错，因此在过去的很长一段时间，我都会由己度人，认为不存在对专业信息了解有误的情况，事实证明我错了。

  人工智能公司iPIN旗下的完美志愿曾就"高考志愿填报后悔"的几个典型因素做过调查，被调查对象有男有女，涉及不同专业，总数近700人。调研结果显示，近七成的人有重选专业的想法，而根本原因，不是专业的就业前景惨淡，而是他们完全搞错了本专业的真正含义。有人是搞错了学习内容，有人是搞错了就业方向，还有人搞错了一切，于是毕业后搞砸了一切。这些人凄楚地唱道："如果能重来，我要选李白。"

第三讲　终身教育，打通向上通道

我有个学员从小就有扶危济困、救死扶伤的理想，白求恩、南丁格尔的故事一直激励着他。不用说，他的专业自然是趋向医学类专业，要做的，必然是自带光环的白衣天使。于是，他选了光是看名字就医学味儿十足的生物医学工程专业，打算毕业后就深入基层，保一方平安。结果入学后的第一节课，老师就用略带玩笑的口吻说："咱们生物医学工程，是个不折不扣的工科专业，和医学有剪不断理还乱的关系，但重点是工程，不是医学。每年都有被名字忽悠来的同学，今年没有吧？"大家听了老师的话，发出阵阵哄笑，我的这位学员则出现了医学上的典型症状：脊背发凉，脚底出汗，呼吸困难，心脏骤停……毕业后他成了一名医疗器械设备的维修员，每每出入于各大医院，看着如风般从他旁边走过的医生护士，总是无法释然……

社会学和生物医学工程，只是乱人心智的众多专业中的代表，类似的专业不胜枚举。比如有一个专业叫精算数学，听着像是数学的表亲，可它实际上是金融保险学下面的一个分支专业，入局的学子成不了华罗庚、陈景润，倒是很有可能在朋友圈里兴起惊涛骇浪——"走过路过不要错过，养老保险了解一下"。还有个专业叫信息与计算科学，它实际上是将数学与信息勾连到一起的交叉学科，培养的不是码农，而是数学人才。如果对这两种专业一知半解，就有可能"错投猪胎"，想学数学的同学报考了精算数学，想学计算机的同学报考了信息与计算科学，被命运无情地嘲弄。

我经常说，报考就像投资，回报和风险是并存的。而在投资领域，卓有成就的大佬们都有一个基本的投资准则——投资等于投人。雷军因金山软件知名，因小米科技名动世界，可他天使投资人的身份，同样值得关注。雷军投资的代表作是YY（欢聚时代），YY的创始人叫李学凌，在创办YY之前，就和雷军交情不浅。据说他那会儿经常写文章骂雷军，而且从不收车马费，雷军送的红包越大，他骂得越狠。雷军对他足够了解，所以愿意把自己口袋里白花花的银子送给他去试错。这也从侧面验证了雷军的投资理念——只投熟人。其他大佬同样如此，徐小平、熊晓鸽、沈南鹏、朱啸虎，本质上都是在投人，只有把创业者翻来覆去地弄清楚搞明白，才敢出血。

大佬们投资的原则可以沿用到志愿报考上——在下手之前，先把要下手的对象研究透，确保四是四，十是十，十四是十四。了解专业的渠道无须我多说，在手机或电脑上用搜索引擎搜上一搜，相关信息自然一目了然。

一个专业的内涵，主要包括专业培养目标及要求、主要课程、就业和研究领域等几个方面。作为一名学生，我认为最需了解的是以下三个方面：课程设置、就业方向和就业情况。课程设置是为了拨开专业名称的迷雾，搞清楚自己所填报的专业到底是学什么，不然很容易像刘强东那样，认为社会学的专业内容是"市长的自我修养"。了解就业方向和就业情况则是探明去路。须知学地质将来未必是挖矿，也有可能去冶金；学中文将来未必能成为下一个鲁迅，很有可能成为小学教师；学护理将来也不一定会做护士，很有可能化身社区健康教育者。

在报考专业之前,我们要将想要报考的专业一一了解清楚,毕竟金榜题名至关重要,一朝失足,一生悔恨。报考千万条,谨慎第一条,报考不调研,亲人两行泪!

3. 锚定行业周期，选对合适的专业

好多同学在报考时，都会去网上搜罗相关攻略。有些人不改吃货本色，院校的学术水平倒在其次，味美价廉的食堂和小吃街才是他们心头的白月光；有些人全凭兴趣，喜欢什么就报什么专业，对就业前景毫不关心；也有一些人，聚焦当前热点，纵观世界大势，报考的参照是近年来最火爆的专业。

专业的热度比较特殊，既不像清人赵翼说得那样"各领风骚数百年"，也不像娱乐圈小鲜肉那般备受宠爱个把月。有些专业现在红红火火，以后还是会越烧越旺，譬如计算机和法律。有些专业则不过是一股虚火，现在灼人，日后冰冷，从大一到大四，学生就有机会体会何谓冰火两重天。入学时还觉得自己能一统天下，结果临近毕业，却发现连秋招的门槛都迈不过去。

行业和专业其实是冷热交替的，今天的大热地带可能变成明年的林海雪原。以物理学为例，民国时期普通人家的子弟若敢扬言投身物理，怕是要被打到生活不能自理；20世纪50年代工业化进程加快，国防军事如火如荼，物理学背靠大树，成了香饽饽；20世纪80年代在市场经济的浪潮下，民众一切向钱看，物理学则又被群嘲"搞原子弹不如卖水煮蛋"，后者还能卖钱，前者能干吗？

所以成王败寇其实没有定论，下一个会红火的专业和流量明星

一样难以捉摸,你不清楚他火的原因,可他就是火了。我们能做的只有一样:在报考时问问自己,现在红火的专业,是否是因为整个行业风头正盛?它身上的光是否是舞台本身的光?现在被打入冷宫的专业,将来有没有重新受宠的可能?

聊到这个话题,就不得不提今日头条的创始人张一鸣。2001年夏天,张一鸣走进了南开大学,他报考的专业是生物学。对,就是那个被称为"生物是个坑,埋葬理科生"的专业。今天若非有搞科研的志向或是打虎的胆子,很少有人会主动报考生物学。不过今时不同往日,在21世纪初,因为人类基因组计划的提出,生物学很是风光了一段时间,无数专家学者预言它必将成为21世纪的显学,生物学的录取分数也水涨船高。热情的学霸们挤在生物学的独木桥上,唯恐赶不上时代的大船。最终,稍显文明的张一鸣被一脚踹下船,与生物学绝缘。

最终录取张一鸣的是微电子系,后来他又转为学习软件工程。当时的软件前景还不明朗,他转专业的理由,更多是个人的主观判断。时间携带着清风,无形中解决了所有的疑问,今天的生物学乏人问津,软件工程则火得烧红了半边天。

所以眼前的黑不是黑,未来的白才是真的白。一些好专业因为某处小瑕疵,总是会被忽略,我觉得自己有必要给诸位提个醒。

心理学专业的地位一直是不尴不尬的,很多人觉得这行神秘、西化、高端……除了毕业后找不到工作,样样都好。可在这个没有点心理问题都算不得正常人的年代,心理学将来的势头必定不可限量。在恩格尔系数（食物支出占总支出的比重）日益下降的今天，找心理医生早晚会成为和吃喝拉撒一样寻常且重要的事。

医学专业因为"本硕博十多年+规培三四年+专科培训两三年"的培养周期，劝退了万千想成为白衣天使的同学。一句"劝人学医，天打雷劈"给这个专业判了死刑。可联合国经济与发展合作组织报告显示，中国的执业医生数量仍是供不应求，存在着千万量级的人才缺口。所以医学不是一个"黄连型"专业，苦涩的表皮褪去后，它甜甜的果肉就会露出来。

在医学的各个分支领域中，口腔医学或许是前景最明朗的专业方向。在欧美地区，牙齿是判定一个人社会阶层的重要标准，牙医的捞金速度只快不慢。国人过去只把牙齿当成咀嚼的工具，今天也开始关注牙齿的整齐洁白。数据显示，中国目前每年有2.5亿看牙人次，一线城市的市场规模增幅每年超过20%，二线及以下城市也突破了15%的大关。因而在众多行业沦为存量市场的当下，医学尤其是口腔医学可说是少有的增量市场。

4. 别被专业限制，英雄从不问出处

在《钢铁是怎样炼成的》一书中，奥斯特洛夫斯基这样说："人的一生应当这样度过：当他回首往事时，不会因虚度年华而悔恨，也不会因碌碌无为而羞愧。"我初中那会儿，第一次读到这句话时，一个鲤鱼打挺，然后就乖乖去上自习了，还顺便给了仍然在那里吹牛的损友一脚。今天这句经典的话成了很多高中生心中无形的座右铭，也预示了他们将来度过大学的方式。

部分当代大学生有三个至亲——外卖、手机、网购；三个愿景——不毕业、不起床、分手前找好下家；三个解决不了的困境——熬夜、挂科、找工作。大学被他们过成了猪圈，嗷嗷待宰自是难以避免。可也有一些学子，看到韭菜的悲惨境地，意欲奋发图强，不说成为镰刀，至少要变身论枝算钱的玫瑰。他们在高考的那个暑假，就下定决心，大学要干什么不清楚，但总要干点什么，反正不能像咸鱼一样闲着。像这样的人，要么得选个自由度高的学校，要么得选个自由度高的专业。

雷军的那句"站在风口上，猪都可以飞起来"现在已经成为互联网世界里最有名的一句话。在此言的催动下，一些猪很自觉地站到了幻想的风口上，然后被摔成肉饼。不过雷军的大学时代，印证的其实是张爱玲的名言"出名要趁早"。雷军读的是他口中"全球最

好的学校"——武汉大学。武汉大学是全国最早实行学分制的高校，只要学分达标就可以。于是向来不拘一格的雷军就开始了自己的"作妖之旅"——用两年时间修完全部学分，不仅如此，他还丧心病狂地提前完成了毕业设计，然后开始了今后戎马半生的征程。那时的雷军是同学听到名字就浑身发抖的存在，只能恨自己不争气！

雷军真正意义上的折腾是从大三开始的，他写过杀毒软件，做过实用工具，当过临时黑客，搞过电板维护。

雷军的创业故事，开始于大四。在那一年，雷军和两个同学一起搞了个三色公司。三色的主营产品是一种仿制金山汉卡，仿制是体面的说法，民间称之为抄袭。这次创业最后因对手的恶意抄袭宣告流产，不过雷军输得不冤枉，从剽窃开始，因剽窃终结，冤冤相报，终有了结的一天。雷军最终所得只有一台电脑和打印机，他的第一次算不上畅快，但这是他后来书写的伟大故事的起点。正是因为大学时代的试错，才让后来的雷军少走了诸多弯路。这个28岁就荣升金山总经理的男人，在分享自己的小米创业经时，一脸腼腆地说："我觉得我们真的十分幸运，在创办小米的战略大方向上，我们几乎一步没错。"小米是世界500强企业中最年轻的一家，和它的主人一样卓越。

和雷军一样喜欢骑驴找马的人还有刘强东，他是宿迁市的状元，不夸张地说，以他的高考分数，清华、北大可以任其挑选，不过他最后学的是人大的社会学，以满足自己"搞仕途"的愿望。可惜天不遂人愿，开学那天，辅导员就面带怜惜地告诉他："社会学，不会累,一毕业,居委会。"

从此以后,心灰意冷的刘强东就开始了自我探索的迂回成功之路,大学几年,他抄过信封、卖过图书、写过软件、开过餐馆。说到骑驴找马,他的故事并不比雷军少。刘强东最具代表性的一次骑驴找马,是在中关村卖光盘,这直接催生了他日后创办京东的思路。

作为国内的最高学府之一,人大固然没有让学生为所欲为的传统,但刘强东学习的社会学,一直是毕业压力最小的专业之一,属于那种"考前熬夜一周,连过六科无忧"的专业,所以他才能海阔凭鱼跃,天高任鸟飞。

雷、刘二人在大学骑驴找马的例子,值得所有不单纯以完成学业为目标的同学借鉴。如果专业对你来说重要性退居次席,你也无意继续深造,主要目标是自主创业、考公务员或者真正意义上的骑驴找马。那么你选的就不是专业本身,而是这个专业能匀给其他事情的时间。在这种情况下,专业的自由度越高,你本人的自由度也就越高,你也才好腾出双手,创造自己想要创造的一切。

刘强东读的是对学业要求不高的社会学,雷军读的是允许提前修完学分的计算机。看懂套路了吗?马腿不被绊住,才有机会纵横驰骋啊!

所以能把人学到失眠脱发的法学、计算机、建筑学、数学以及绝大部分理工科专业,选择时当需谨慎,不然很可能入校前梦想仗剑走天涯,入校后却因作业太多搁置计划。一入专业深似海,从此自由是路人。

再次强调：投资有风险，报考需谨慎，如果你选择的是远方，就要找一个能让心去流浪的专业。

5. 机遇与风险并存，新专业报考需谨慎

今天提到法拉第，大众倏忽间想到的可能是"下周回国"的贾跃亭，他远涉重洋，赴美造车，造的就是法拉第未来。不过知名度最高的法拉第，是发现电磁感应现象的英国物理学家。他刚发现这一现象时，有位贵妇问道："你做的这个东西有什么用？"法拉第反唇相讥："刚出生的猪有什么用呢？"这个故事后来成了被反复援引的典故，用来指代新生事物难以预测无法量化的未来。

这一典故引申出的道理同样适用于专业选择。千禧年之后，一众新生职业如雨后春笋般冒出，旅行体验师、时尚博主、陪跑师、共享单车运维员……与新职业伴生的，是新专业，二者相辅相成，互为因果。中国传媒大学在2016年开设了电竞专业，著作等身的学者教授亲自下场，和万千学子手牵手畅游于王者峡谷。过去的不学无术成了真正的学术问题，狠狠打了家长和教育家的脸。大数据、物联网、机器人等专业不甘落后，争相要在新时代里分一杯羹。

要不要报考新专业，这是每年高考结束后学子们都会揪心的一个问题。新专业既像刚换了素色长裙的姑娘，冷漠凄清又惆怅；又像刚熟的苹果，青里透红，诱人不浅，让人看见就想凑上去。再加上院校官方宣传的轰炸，老给人一种此时不报、更待何时的感觉。

报考新兴专业，其实是有珠玉在前式的相关例子的。1931年，正

值国破家亡之际，后来名动九州的无锡考生钱伟长考进了清华大学。他高考那年，语文考题的出题者是国学大师陈寅恪。大师出题，自然会有些超然物外，不同凡响。据说那年作文的考题难度，足以让万千考生原谅出数学题的葛军，可学霸钱伟长卓然不群，他微微一笑，送上了一篇新鲜出炉的赋，直接拿了个满分，最后被清华大学历史专业录取。可后来他出于家国情怀，转到了"也许"能为国家出力的物理系。

今天的物理专业老得掉渣，彼时的物理专业在中国境内，却是专业中的"小鲜肉"，根基浅、底子薄，在全国范围内开设的院校，也不过几所，普及率还不到30%，被文史法哲等专业碾压得"零落成泥"。所以钱伟长从历史跳到物理，就像哥伦布走进了新大陆，看到的除了新奇，还是新奇。

钱伟长的求学过程这里不再赘述，后来的他师从导弹之父冯·卡门，与钱学森、钱三强两位先生并称为中国科技界的"三钱"，钱伟长还被尊称为"中国力学之父"在历史上留下了浓重的一笔。所以说，学习新专业，是有一定概率摘取最初的硕果的。今人就算努力到吐血，成就比肩钱伟长，也很难在力学界出人头地了。因为入局太晚，空地都已被前人安营扎寨。因此，正如特劳特在定位中所说，成为一个行业或专业的先行者很重要。在这一层面，可能我要劝诫大家，报考新专业要趁早。

前面都在说新专业的益处，在我看来，新事物的美妙之处在于，它能给人无限遐想。正如法拉第所说，你不知道它有什么用，甚至连它是否有用都不清楚。可它一旦有用,你就有机会成为"把旗子插在珠峰上的人",行业第一波红利的受惠者。就像在投资领域,真正检验一位投资者成色的标准,是看他在天使轮投资了多少家成功企业,而非后面的A轮、A+轮、B轮、C轮。

可同样地,天使轮投资血本无归的概率也更高。在投资领域浸淫多年,坚持只投熟人的雷军言之凿凿地说:"我可以肯定90%的创业公司都会死掉。"所以说,"新"既可能意味着新生,也可能象征着流产。这是一桩机会和风险并存的买卖。

钱伟长的成功在一定程度上掩盖了物理学在20世纪30年代的尴尬。那时的物理学或许可以卫国,但养家的功能性其实没有那么强,而且彼时国内工业基础形同虚设,贫苦人家的孩子如果无法争取到出国留学的机会,被埋没的概率要远大于被发掘的概率。

类似的窘境同样适用于今天的学子,人工智能、3D打印、机器人、物联网……这些全新或半老不新的专业,对应的行业形势大好,我也想不出来在历史进程下,有什么能阻止它们成为未来的显学。但行业的火爆不等于个人的成功,前10年中国地产火得烧红了半边天,但死掉的地产商也不在少数。而且一个行业的成熟期,往往要等到10年,甚至20年之后。而在此之前,步入行业者,往往会成为替后人栽树的殉道者。

在很多时候,新专业其实只意味着一种新鲜感。有胆量和资历开设新专业的院校,大多来头不小,但即便如此,专业的圆熟也需要一个线性的过程,在专业开办的前几年,院校专业内的老师,做的主要工作其实是带学生们摸索、试错。说得再直白一些,新专业的前几届学生,价值和实验室里的小白鼠差不多。教学都是以科研为前提的,在科研尚且蒙昧的情况下,教学是很乏力的。我有个学员当初不顾家人反对,学了某高校的人工智能专业,教他的老师名头都很响,但外行如他,也能明显感觉到部分(或全部)老师对一些问题理解得并不透彻。他们的课堂讨论,老给人一种母鸡看着菜鸡互啄的感觉。

绝大部分学生在本科阶段能学到的东西十分有限,而对于积淀不多的新兴专业而言,能教给学生的东西也很有限,有限遇上有限基本等于零,所以选择新专业时务必要谨慎。

新专业该不该报,实在难以一言定性。报考如风投,赌对了老王变王总,麻雀变凤凰,赌输了则要上演悲情电影《被偷走的那七年》,高中加大学面临毁于一旦的风险。我能告诉诸位的只有两个字:谨慎。

6.大学四年如何度过，做好规划逆袭人生

有一位作家说过这样一个观点，人生也有四季，我们都在顺应时令的生长。中小学是春天，大学是盛夏，毕业到中年是秋天，老年就是冬天。大学生在大学四年里慢慢成长为有独立意识的公民，不用承担生活的琐碎，自由、蓬勃，还有点轻飘飘，说是盛夏再恰当不过。古人说，人不轻狂枉少年，所以在人生的盛夏阶段，张狂一点是可以的。作为过来人我要告诉大学生，人生的秋天和冬天，会受制于各个方面的压力，不一定可以狂得起来。所以我建议大学生大张旗鼓地去追求知识，这是年轻人享有的特权，过期作废。这也是我对于大学生涯的一个基本态度。

当然了，我这里所指的张狂是"书生意气、挥斥方遒"，不是无法无天、不管不顾地肆意妄为。上文说，大学毕业就进入了人生的秋天，秋天就是要收获。你在盛夏长的果子，秋天要成熟了。也就是说你们未来安身立命的本事要在大学好好磨炼，进入社会工作，就要真刀真枪地干仗了。毕业找工作往大了说，是适应国家建设的需求，往小了说，就是养活自己。鲁迅也说过，我们眼下的当务之急，一要生存，二要温饱，三要发展。这么多年过去，这个当务之急没怎么变过，毕竟大家总要吃饭的。所以在大学要解决的一个重要问题，就是未来的谋生问题。

有效奋斗

不仅仅是谋生这个大问题，想高效地解决任何问题，都可以参考布利斯定理，它强调的是提前计划好，会事半功倍。和我们古人说的"凡事预则立，不预则废"是一个道理。大学四年，基本都是为了将来的工作和生活做准备。美国成功学大师安东尼·罗宾斯曾提出一个成功公式：成功=明确目标+详细计划+马上行动+检查修正+坚持到底。在他看来，周密到位的事前计划非常重要，如果我们将更多的时间用在事前，事中和事后就会相对轻松。那么我们首先要想清楚，我们的目标是成为什么样的人？

北大教授钱理群曾直言不讳地指出，在中国只有三种人能混得好，第一种是有背景的，家大业大，躺在祖上的功劳簿上可以一生富贵；第二种是没有道德原则的人，那些约束常人的条条框框约束不了他，他可以黑白通吃，抄小道、走捷径，为达目的，不择手段；可是我们大多数人既没有富爸爸，也读了十几年书，不屑用一些低级手段，所以想求得富贵，只能做这第三种人——有真本事的人。

而有真本事的人，在大学里求学一般都做到了这几点：第一，把本专业的知识学扎实。这就是布利斯定理给我们的启示，事先做计划，成功概率大。要知道，本专业的知识是你谋生的依靠。不信你想一想，大学里的风云人物，除了长袖善舞混迹学生会和社团的学生干部，另一种就是两耳不闻窗外事，情商低得可怕，但是专业竞赛上一鸣惊人，还没毕业就被世界五百强相中的学神。这个世界变得越来越开放和包容，你可以有很多缺点，但是只要你能力强，老板就会对你很慈祥。

第三讲　终身教育，打通向上通道

举个例子，一家知名互联网公司的老总有一天叫手下人帮他修电脑。那人问他：老板啊，这是公事还是私事呢？如果是公事，这不在我的工作范畴里啊。如果是私事，好像我和你也没那么深的交情啊。结果就是他拒绝了老板。老板很生气，然后让他回去工作了。我不是在教你们去挑战老板的权威或者违抗领导的命令，我只是在告诉你们，当你们有着不可取代的位置，可以成为一个部门的扛把子，公司没了你会损失惨重的时候，你可以不遵循一些规则，偶尔"刚一刚"老板也没什么。换言之，想在这个社会生存，就要锻炼出强大的优势做弥补，否则只能逆来顺受。

早早看清这一点，人生会少走很多弯路。如果你对自己的专业实在爱不起来，"移情别恋"也要趁早，认清形势，在不挂科、不留级的前提下，早早培养走出校门的一技之长，也有可能做出一番成绩。不要怀疑自己，要学会自我期待，因为"所愿即所得"。美国著名心理学家罗森塔尔曾在考察一所学校时，随意从班级中抽出几个孩子，告诉校长，他们是智商型人才，很聪明。等他再次来到学校之后，发现那几名学生长进很大，再后来，他们都在工作岗位上做出了非凡成绩。这个效应叫作皮格马利翁效应，表示我们都能够"实现自我预言"。如果你已经明确了自己想成为的样子，那么在这个效应下，你就有实现的可能。当然，预期也要结合实际，同时付出加倍的努力，不然你的期待很可能落空。

你在大学要做到的第二点，就是博览群书，广泛涉猎其他领域。恩格斯说，文艺复兴时期是产生巨人的时代。所有的艺术家都涉猎广泛，比如大名鼎鼎的达·芬奇。其实咱们也有巨人的时代，往远了说如春秋战国、魏晋南北朝，社会氛围开放包容，在各个领域都出现了留名史册的大家。往近了说如五四时期，比如鲁迅、郭沫若是学医出身，后来在文坛大放异彩，丁西林是物理学家，还是个戏剧家；杨振宁和邓稼先，也有着不俗的古典文学造诣。那个时代的人不受学科的限制，得到了全面发展。

我们这个年代全才很少了，大家过于重视"专"，忽视了"广"。"专"没错，你的专业是基于你当下的能力做出的最佳选择，但是广泛地涉猎其他领域，能拓宽你的选择面，或许能让你有更优解，甚至让你找到自己的天赋所在。

现在社会环境很复杂，学校里也不再是象牙塔，充斥着各种诱惑。很少有年轻人能单纯享受学习时光了，甚至有些同学小小年纪就很焦虑，时刻感觉要被时代抛弃，满是功利心，一身铜臭气。

什么是大环境？前几天我一个学员跟我倾诉他的焦虑，说他大二还在学校摸鱼，有同学却在500强实习，他感受到了压力，一种还没出校门就被碾压的焦虑。我对他说，感到焦虑就对了。人和人的差距体现在方方面面，只不过恰巧你们在一场考试中考了差不多的分数，到了同一所学校。你们成长的环境、过去的经历以及对未来的规划可能天差地别，你不能因为你们现在处在一个屋檐下，就真的觉得你们属于同一水平了。

仅仅从书本上认识世界是不够的，世界是变化莫测的。在《奇遇人生》节目里，主持人问一个大学教授，我们怎样才能在逆境中学习？学识渊博的教授说：这好难啊，直接体验比问别人简单。体验，就是实践。我鼓励你们享受校园生活，但别贪恋，别沉溺，要尽可能地多做尝试。这时候你们的犯错成本很低，学校和家庭也鼓励和包容你们犯错。这也是我不反对同学们找兼职、找实习的原因。我反对的是一切以金钱为出发点，去左右你所有选择的态度。这也是我希望你们在大学做到的第三点，多尝试，多实践，但不一定以金钱为导向。

有人说这是一个笑贫不笑娼的时代，但你仔细听就会发现，说这句话的人多少带了点不甘和无奈，很多人打心底里是不承认这句话的。因为我们更想站着把钱挣了，可是总有人想要我们跪下。所以大学里，我希望你们认识到这个社会真实的一面，把自己的专业基础打扎实，掌握一项专业技能，有更多的选择权，同时，塑造自己独立且正向的三观。我不希望你们接受社会毒打之后三观尽碎，然后委曲求全，我希望你们自食其力、衣食无忧，活得有尊严又体面。唯有这样，当面对突破底线的事，你才能底气十足地说"不"。

7. 只有不断学习，才能跨上更高的台阶

总有人批判罗振宇，说他制造焦虑，对他的某些观点我不予置评，这是一个人人都有发言权的时代。再说了，你不爱听也没能力让人家闭嘴不是？我们能做的，是筛选，和老祖宗的"取其精华，去其糟粕"一个意思。我筛选出他的一个观点，即现代人的学习焦虑，我很认同。我们都知道这个世界在飞速发展，过去100年的发展成果已经超过古代1000年的成果。小时候有人说我不爱学习长大了可以去工厂打工，等他长大后却发现很多工厂的车间已经全自动化了，仅有的几个员工最低学历是本科，他的第一版人生规划，碎了。机械化的生产方式让很多工种退出历史舞台，为了不被淘汰，人人都很焦虑。所以要想在这个社会安身立命，只能不断紧跟时代发展，不断地学习。

什么样的学习呢？这里我说三点，碎片化学习、终身学习以及跨界学习。

前几天，我的一个学员跟我吐槽，说自己刚跳槽去了一家甲方公司做设计总监。我当时满脸问号，这是吐槽还是炫耀？他可能也听出故事的开头不太对，立马讲重点，公司为了节约成本，草草给他搭了个班子，他是班子的老大没错，但是手下无一员干将，全是刚毕业的新人，问题层出不穷。他说原以为自己是去坐镇指挥的，

不承想是去当奶妈，可又不能撒手不管，只能是新人提出问题，他就随时解决。最终的结果是他的工作时间被切割得七零八碎，那些需要深度思考的工作，只能晚上带回家做。

其实，这是一个无解的问题。新人啥都不会，你难道都开了？那可是公司招进来的。你不教？你可是公司花大钱请来的。手里的工作你准备暂缓，跟公司说你要花大块时间教新人？真把公司当公益学校了。所以，只要你不准备辞职勇闯天涯，那你就必须在这七零八碎的时间里，把教新人、带项目、做方案一个个地都解决了。

要知道，时间的碎片化已经不是个人选择，而是不可逆转的社会趋势。我一个做品牌策划的学员说，他们团队只有五个人，但是巅峰时期曾同时推进六个项目。他们只能用肉体凡胎去做哪吒才能应付的事儿。上午还在香港和A组沟通意见，下午已经到深圳和B组陈述方案，晚上还要和C组落实修改意见。我注意到一个细节，就是他们不开车，都选择坐地铁或网约车，这样他们有小块的时间在路上画草稿、理思路。

无论他们是主动还是被动，这个社会对职场人已经提出了更高的要求，即需要你同时操作多个项目，这注定了你不可能长时间保持专注，无法在一个项目上花费大块的时间，碎片化学习也就成为大势所趋。

而如何进行碎片化学习呢？这要求我们做到两点，一是了解自己的碎片化时间，二是了解碎片化内容。第一点就是你要知道哪些零碎的时间闲着也是闲着，不如干点正事。还有哪些时间被无关紧要的事占据，可以把这部分时间腾出来分给重要的事。第二点是你已经足够了解你所有的工作内容，把能够分解开的工作按照轻重缓急分配到不同大小的时间碎片里。虽然时间已经支离破碎，但是我们可以把它们充分利用起来，这样当别人的碎片时间变成一地鸡毛时，你的碎片时间却像一个万花筒，通过它们你能看到一个斑斓的世界。

终身学习，其实和碎片化学习有重叠、不冲突，终身学习更像是一种意识和一种态度，而碎片化学习是实现它的方式之一。

那么，我们为什么要终身学习呢？在这个信息爆炸的时代，很多行业瞬息万变，竞争激烈。沃尔森法则告诉我们，你得到多少，取决于你知道多少。这是企业和个人在商场、职场拼杀的重要筹码。我们可以不断地获取信息、转化信息，用于各种决策和博弈之中。每个人都会陷入信息盲区，为了避免这样的困境，我们需要不断地充实自己的信息库。无论是"知己知彼，百战不殆"还是"牝牡骊黄"的典故都告诉我们，信息的多少和优劣，决定了我们的胜算。

那么怎么终身学习呢？除了上文提到的碎片化学习这一种方式，还有很多其他方式，但这里我更想强调一种态度，就是坚持。想想肖申克监狱里的安迪，拿一把袖珍榔头，用19年挖了一个据说要挖400年的逃生通道；封疆大吏曾国藩从小被人骂愚蠢、钝拙，考了七次科举才中了秀才，还是倒数第二名。但是后来却在十年中升迁七次，靠的是什么，就是坚持。他日日早起读书，连行军打仗时也不间断，留下一句"不日进，就日退"的警世名言，令我等后人汗颜。

其实终身学习不是个新鲜玩意，它和古人所说的"勤能补拙"以及现代哲学上的"量变引起质变"是一个意思。我们要做的是"勤"，是积累足够多的"量变"，这也是和平时代实现人生跨越的主要通道。

再来说说跨界学习，为什么要跨界，因为这个时代要求我们是综合性人才。不要求你做个达·芬奇那样的跨界鬼才，但若你做文案，起码要懂点设计；做营销，要会点心理学。我们在工作中，不可能面对单一的工作内容，要学会把不同领域的知识融会贯通，才能做到让多方满意。很多人对跨界抱有很大误解，认为"隔行如隔山"，不能轻易去挑战他人的专业技能。可是那个75岁学画、80岁开画展的摩西奶奶向全世界宣告：如果不去挖掘自己的潜能，它就自行泯灭了。对那些你感兴趣的领域要勇于尝试，很可能创造1+1>2的效果，这就是著名的"摩西奶奶效应"。即便这种跨界没有带给你直接的物质回报，却会潜移默化地影响你的格局和思考。

近现代史上诞生过很多这样的牛人，比如，林徽因，她不仅是建筑师，还是文学才女；鲁迅，在他拿起笔杆之前，拿的是医书。那种深耕一个专业，同时广泛学习其他领域知识的人，在职场中往往有着超强的竞争力。为什么？你不知道的，他知道。你知道的，他比你专业，这就是知识的碾压。哪个老板不喜欢招聘那种领一份工资做两份工的员工？就算你不甘心给人打工，日后出去创业，你的规划能力、统筹能力、谈判能力不都需要学习？我们承认术业有专攻，但是想在这个社会站稳脚跟，你不仅要专攻，还要多攻。

至于如何跨界，我的建议是先尝试和自己工作有关，或者自己十分感兴趣的领域。如果你有明确的目标，那就好办了，欢天喜地去打开跨界大门；如果你是被生活所迫，赶鸭子上架走上了跨界之路，也不要气馁，强扭的瓜可能不甜，但是解渴，请你硬着头皮往下学。人活一世，哪能事事如意，学点干货知识，总比一事无成要好。

最后我想强调的是，这三点我分开说，是为了更好的理解，其实它们不属于同一个范畴，但可以同时进行。碎片化学习是基于时间维度的一种学习方式，跨界学习是针对不同领域的一种学习方式，而终身学习是一种学习的态度。我最鼓励的一种学习习惯是，利用碎片时间跨界学习，并且持之以恒地坚持下去。毕竟，我们的时间已经碎片化、生活已经碎片化，如果不采用合理的学习方式和态度，我们的人生也将是一地碎片。

第四讲

美满婚姻，
人生跨越的保障

1. 最优停止理论，找到自己的"Mr.right"

近两年涌现出的新名词极多，大多难以在大众心里留下波澜。可也有些名词，注定被反复提及，比如"空巢青年"。青年时期是人生中最火红的年纪，此刻的时间是燃烧着的，每一秒都有可能留下亮光。不过越来越多的年轻人更倾向于选择"秋叶之静美"，而非"夏花之绚烂"。他们独身、独活，宁愿在二次元世界中虚脱而死，也不愿在三次元世界里沾染桃花。于是乎，在2018年，留下了让人触目惊心的7.2%的结婚率。

正当全国的独身者发出狼嚎之际，我却注意到了另一组数据，那就是农村地区或经济欠发达地区的早婚率仍旧居高不下。2010年我国第六次人口普查，统计数据显示：男性早婚率为16.60%，女性早婚率为10.85%。而乡村男孩的早婚率是城市男孩的10倍，乡村女孩的早婚率是城市女孩的8.5倍。

同住地球村，习俗大不同。城市里的人忙于走出婚姻围城，农村里的人急着走进婚姻围城。而无论是走进或走出，都未必能有个体面顺遂的结局。

早婚不等于早熟，世界上绝大部分早早步入婚姻殿堂的人，要么是没奈何，要么是想当然。前者的代表是农村地区的年轻人，他们未必想在当大哥的年纪当老子，可身处早婚的氛围之下，狼多肉少，你不积极找肉吃，将来就可能连粥都喝不上，于是就只好在嘴角有痣的媒婆的撺掇下，找个人搭伙过日子。至于感情嘛，孩子都有了，它还会没有吗？后者的代表是那些自称"为爱奋不顾身"的人，局外人看得真切，知道所谓的爱不过是分泌多巴胺的化学反应，也就是性欲，或者是以爱为名的消极性依赖——一个人孤独寂寞冷，需要人陪，至于陪的人是谁，倒不那么重要。

并非我主观看衰早婚，近年来一些农村地区的离婚率达到了全国遥遥领先的水平，早婚的家庭对此贡献"良多"。套用那句著名的广告语就是"每三对离婚家庭中，就有一对早婚家庭"。理由并不复杂，早婚本来就是拍脑袋决策，拍胸脯保证，最后拍屁股走人，一拍两散，实在正常。在美剧《极品老妈》中，女主角克丽丝蒂和她老妈、女儿，都早早步入了婚姻殿堂，三个人把日子过得比戏剧还精彩，但生活中缺少了一种元素，它的名字叫幸福。

晚婚与早婚并非是对立面，而是一体两面的关系。早婚就像是一部电影的预告片，晚婚则形同电影的彩蛋。他们各有自身的特点和乐趣。近年来鼓吹晚婚晚育者甚众，但其实无论是晚婚晚育的人，还是提倡晚婚晚育的人，都没有做好晚婚晚育的打算。晚婚晚育的理由基本可归结为时机不对，这个时机既可以指物质条件，也可以指心智成熟程度，还可以指周边环境。我有个学员，从大一开始就想找个人把婚结了，可惜此人学了土木专业，上学时身边的女生寥寥无几，毕业便长期驻扎在工地，最后落得个30岁转行才结婚的地步。我问他晚婚的滋味如何,他含泪不语。

早婚和被动式晚婚,不可说不好,但绝对不值得提倡。合理的结婚时机,要像沈从文先生说得那样,"遇见一个正当最好年龄的人";要像张爱玲说的那样,"没有早一步,没有晚一步",如此方能生出"原来你也在这里"的欣喜。

想做到这一点,不能单凭感觉,好多人挑伴侣和去菜市场挑萝卜差不多,东看看西瞧瞧,眼瞅着太阳落山,时间不早,最后草草挑了一根勉强算得上"盘靓条顺"的,结果带回家一尝——糠了。所以无论是挑娇妻还是选夫婿,绝不能骑驴看账本——走着瞧。把握最佳时机,才有可能和对方"一生一世一双人"。

20世纪60年代,美国一家杂志提出了一个"经典秘书问题":你是一家企业的HR,有多位候选人前来面试秘书这一岗位,而且个个腿长屁股大,她们依次前来,你一一面试,当场决定她们的去留,不准吃回头草。问:怎样才能选到最靠谱的那一个?

给数学经常挂零的小伙伴们普及一下,这是数学中的概率问题,不仅比"鸡兔同笼"难,甚至比一元二次方程更难。我就不详述推导过程了,直接告诉大家结论:无条件拒绝前37%的人,从下一个人开始,只要有任何一位更加优秀,直接转身,然后牵起她的手,哪怕后面可能有更好的也不要犹豫,因为她对你而言,就是最好的。

这一解决方案被称为最优停止理论,已经在诸多领域得到科学的验证,可以直接沿用到婚姻上:拒绝前37%和你相好的人,然后在后面的人里挑选第一个让你满意的那位。基于这一理论，我才说早婚晚婚均不值得提倡，因为无论是第一个，还是最后一个，都很难与最优停止理论相匹配。想找到自己的"Mr.right"，要放眼全局，统筹谋划。

举例来说，假如你从16岁开始谈恋爱，30岁结婚，每年换一位女伴，那么你会有14次恋爱经历。而你挑伴侣的临界点大约是 $14×37\%≈5$ 次。也就是说，前五个女朋友统统不是你的真命天女，最适合做你老婆的人，是后面第一个比前五位更好的人。

想要科学使用最优停止理论，有两点须铭记于心。首先，要给自己留有选择的余地。最优停止理论只适合那些谈过两次及以上恋爱的人，如果哪位先生或女士把那句"一切不以结婚为目的的恋爱，都是耍流氓"当成人生信条，并打算谈一场不分手只丧偶的恋爱，那么这一理论瞬间便失去了效用。可没有经对比验证过的结论，你怎知它是最好的？所以一路骑驴找马固然不值得提倡，可一吻定终生也未免有些唐突，"货比三家"才是最优解。其次，"打好腹稿"。你不清楚自己何时结婚，但自己打算谈几次恋爱，打算在哪个年龄区间内结婚还是要有一个明确的打算，这样你才能预估自己的恋爱总次数，推算出"临界点"，否则单身一时爽，一直单身一直爽，婚姻遥遥无期，根本停不下来。

经济学在物理学、化学、生物学界眼中，并不算是严谨的科学。把经济学应用到婚姻这桩情感事宜中，就更不严谨了。今天我

第四讲　美满婚姻，人生跨越的保障

讲的最优停止理论，往小了说不过是一种思路上的启发，往大了说也不过是一种求偶参考。也许你会在23岁那年就遇到自己的那个她（他），也许你在而立之年才真正有情人终成眷属。

2. 追求优势互补，提升婚姻幸福指数

千百年来人们的择偶标准一变再变，理想夫婿从吴彦祖调整为彭于晏，从肖战转换为李现，梦中情人从杨玉环变成陈慧娴，又从陈慧娴变成小甜甜。可时移世易，门当户对这条基准线却始终清晰地刻在那里。

门当户对追求的是双方条件的一致性，这个条件，既包括相貌人品，也包括才学家世。男女要势均力敌，要妃子配君王，绝不可寒鸦配凤凰。这种搭配组合的形式在逻辑上毫无漏洞，毕竟不高攀、不屈就才能他好我也好。

不过诺奖得主加里·贝克尔曾提出过一个别开生面的观点，他说："个人可以利用寻找配偶，来实现效用的最大化。"在他的描述下，婚姻是一个长线过程，追求的不是一开始的门当户对，而是地久天长式的优势互补，前者只是赢在起点，后者才是赢在终点。意思和巴菲特口中的"雪坡理论"几无二致：人生是个滚雪球的过程，只有湿雪和长坡齐备，才能越滚越大。最初的结合算是湿雪，而优势互补，则是雪球"壮大"所必不可少的长坡。

加里·贝克尔的观点用经济学原理来表述就是，婚姻除了是个造人的过程外，还是一个追求"帕累托最优"的过程。帕累托最优是一个理想状态，它指的是在不使人变坏的情况下，不会有任何人

第四讲　美满婚姻，人生跨越的保障

变得更好。也就是优化优化再优化，你好我好大家好，谁都没法变得更好，因为已经好到极致。如果这种状况成为现实，那么记者再问"您幸福吗"这一问题，所有人的回答都会是"Yes"。

追求帕累托最优的过程叫帕累托改进，婚姻的理想状态，其实本就该是一个不断改进的过程。在心理学著作《少有人走的路：心智成熟的旅程》中，作者斯科特·派克表达了这样一个观点：成功的婚姻，是使自己不断成熟，同时让伴侣不断成熟的过程。这句话可以代表世间所有饮食男女的祈愿：之所以愿意突破自我界限，与他人的世界合二为一，是希望通过结合，让自己有一个更佳的人生状态。

可看看我国2018年7.2%的结婚率，日本、韩国跌破5%的结婚率，美国创造150年来新低的结婚率，再参照一下让人触目惊心的离婚率，就知道祈愿有时候只是祈愿，像空头支票一样无法兑现。过去让世界各国停不下来的是军备竞赛、体育竞赛，今天则变成了离婚竞赛、不婚竞赛。

在今天，十个营销号里至少有九个秉持着自以为是的态度，洋洋洒洒地分析着人们不结婚的原因。其实一言以蔽之，那就是婚姻不只是爱情的坟墓，还是人生的坟墓。在没结婚之前，女同学是人见人爱的小姐姐，婚后则变成了沾满油烟味道的女人。2018年国家统计局公布数据：中国男性平均家务劳动的时间为45分钟，女性为2小时6分钟。男性照看陪伴孩子的平均时间是17分钟，女性为53分钟。新时代独立女性变成围着锅台转、老公转、孩子转的"三转女性"。

男性也未能逃脱厄运，有一家机构就各路人马每年在网络购物上的消费做了一番调查。最后得出结论，开销最大的是婴儿，然后是女性，再次是宠物，最后是男性。堂堂七尺男儿，就这么寂静无声地在食物链上被狗反超了，再想想近两年猪肉的价格，我辈竟沦落到了"猪狗不如"的境地。

我们用m来表示婚前男生的幸福指数，n表示婚前女生的幸福指数，z表示婚后所产生的幸福变量，那么婚后两个人平均的幸福指数就是（m+n+z）/2，很显然变量z是最关键的一环。只有它大于零且足够大，才能保证（m+n+z）/2大于m，大于n，两个人不只性福，而且幸福。一部分婚姻的z不仅不够大，甚至达到了小于0的程度，于是让参与婚姻的双方都觉得身心俱疲，拼命地想从婚姻围城中冲出来。

不过，不幸的婚姻和成功的创业一样，都属于个别案例，幸福的婚姻数量也不在少数，而且像托尔斯泰说的那样，"个个相似"。幸福的模样相似，幸福的秘诀也相似。想让男女双方都感到幸福，变量z要足够大，而使它变大的秘诀，就是双方要做到优势互补，如此帕累托指数才能不断高涨。

提及婚姻中的互补，好多人都会理解为性格互补，热烈要搭配沉静，果敢要伴随温柔，这种理解其实是把互补简单化了。互补就像一个足球，性格不过是它表层上的其中一个六边形，并非不重要，但绝不是唯一。SOHO中国的女掌门张欣在决定与潘石屹结合时，曾这样说道："他能教我很多东西，我一直在国外，对国内的了解不及他。未来我要在中国发展，他是个现成的老师。"这些话现实得不像是在挑郎君，倒像是在找合伙人，不过却给我们这些容易感性的动物点亮了明灯。互补的关键点，是帮助你成长，用斯科特·派克的话说，就是能让你的心智不断成熟。

真正的互补，其实是用对方的优点去补足你身上的弱点。你空有才华却无从变现，那么社会弱关系强大的人或许就是你的Mr. right；你是个完美的执行者，自然就要搭配一个战略家式的决策者；你性烈如火，最好的另一半就是能在你犯倔时充当缰绳的人；你拥有除了真爱以外的一切，那么那个满眼都是你的人就绝对不要错过。

恋爱是感性的荷尔蒙分泌，婚姻是理性的经济结合，前者的甄选标准是眼缘、感觉，后者的参考指数是现实、进步。不以结婚为目的的恋爱是耍流氓，无法提升帕累托指数的婚姻是空悲切。追求优势互补，日子细水长流。笑到最后，才能笑得最甜。

3. 婚前调查有必要，避免陷入婚姻困境

当代相亲，玩的是肾上腺素和荷尔蒙吗？不，是语言艺术。

"小伙子，你们那里停车费贵不贵啊，每个月纳多少税啊，小区物业费多少钱？"看似聊家常，实则每个问题都暗藏杀机，一旦回答错误，就一招毙命。相亲场上千万不可大意，每个提问都有备而来，大家费尽心机就为了探家底，做调查。

"婚前调查"这个词大家应该不陌生，就像很多项目招标或者企业间合作，要看对方的财务报表，了解对方的经济实力，婚前调查也是这个意思。你说你有三套房，可我看你长得不像那么有钱的样子啊，房产证拿出来看一下好不好？而那些布满陷阱的提问，就是婚前调查的初级版本，用比较含蓄的方式，淘汰婚姻赛场上的劣质队友。

婚姻就是一场两人三足的马拉松，我们旁敲侧击、以退为进，就为了找到最优质的伴侣，以防对方在人生的赛道上掉链子，拖自己的后腿。毕竟结了婚，就是一荣俱荣、一损俱损的共同体，我在前方杀敌，你给我来一招釜底抽薪，面子里子都失了，我呕心沥血、苦心经营，到头来图什么？

这时候就需要婚前调查来慧眼识人了。婚前调查首先可以查到的，是对方的经济实力。

第四讲　美满婚姻，人生跨越的保障

不论男女，任何想通过企业家伴侣提升自己阶层的人，都可以通过一些商业安全工具调查对方企业的经营风险、法律诉讼、企业年报等信息，而且不涉及隐私，全是公开信息。所以不要有法律和心理负担，这是给你的婚姻排雷。经济基础决定上层建筑，谁都不想进入一场扶贫式婚姻。为了确保对方不是伪豪门，做婚前调查很有必要。

当然了，对于大部分普通人来说，最大的概率就是和另一个普通人结婚，牵扯不到什么豪门恩怨。那么普通大众如何做好婚前经济调查呢？首先，房产方面，为了避免对方说自己有三套房，其实还差两套的情况出现，你需要到房管局调取他名下的房产信息，同时注意查询他的外地房产。如果你没有相关证件，就可以到他购房的小区物业或者中介做了解，他的购房合同最好能看一眼。其次，他的存款方面，注意保留他的银行流水单和转账凭证等，可以的话，拿着他的银行卡身份证去一趟银行，效果立竿见影。再次，去工商局调查他的股权，去车管所查他的车辆信息。如果方便的话，就可以如一个网友所说，请他提交自己的信用记录，确保他没有不明网贷、没有信用逾期，信用良好。总之，即便是普通人，也要打好经济保卫战。

如果说有什么比经济上的雷风险还大，那就是身体上的雷。都说身体是革命的本钱，但身体也可能是革命的累赘。

一个年轻的女孩子，在当地的妇幼保健院工作，是一名婚检员，主要工作就是对准备结婚的男女双方做常规体检和生殖器检查，以便发现疾病，保证未来的婚姻生活。她给无数的婚龄男女保驾护航，偏偏在自己的婚姻面前犯了一个天大的错误。出于对丈夫的信任和侥幸心理，她没有要求丈夫做婚检，而丈夫向她隐瞒了自己的遗传病史。

这种病叫遗传性共济失调症，特征是患者慢慢失去对身体的控制，最终生活无法自理，而且终身无法治愈。遗传性共济失调症类似于渐冻症，想想霍金先生的晚年，就知道这种病多么让人绝望，而且这种病会遗传。丈夫在33岁时丧失了工作能力，后来也丧失了自理能力，需要妻子一边照顾他一边养家。当丈夫18年后离世，妻子解脱了吗？不，她还有一个已经发病的儿子。儿子品学兼优，本来获得了保研资格，但是病发了。从不受控制的摔倒，到走路和说话困难，儿子的一生正在重蹈父亲的覆辙。

本可以用一次检查躲过的一场人间悲剧，提醒了无数婚龄男女，结婚前做个婚检，他好你也好。上文中的丈夫是不是"骗婚"，这个由法律来定义，但这件事告诉我们，婚姻中有些风险是可以避免的，不要心存侥幸，也不要怀着圣母心觉得可以照顾和拯救对方，我们需要对自己的人生负责，也需要对下一代负责。

如果对方的经济实力和身体状况，可以通过一定的技术手段鉴别，那么有些情况，则需要在生活中做缜密的调查和判断。比如习惯性出轨，还有比出轨更可怕的家暴。

我并不是说出轨不严重，只是出轨的解放方式是多样的。你可以离婚，让对方净身出户；也可以摆出姿态，觉得自己家不吃亏，不想离就凑合过呗。因为有些人出轨，真的是精虫上脑、冲动作祟的动物性本能，控制不住。如果你有精神洁癖，那就通过观察，确认事实后，分手没商量。

但出轨至少不要命。而家暴，真的让人如坠地狱。比如在网络上引起轰动的某网红被家暴事件，直接登上了央视法制栏目，除了触目惊心的家暴事实，人们还发现那个男人的三次婚姻，每一次都有过家暴。印证了那句话"家暴只有零次和无数次"。如果该网红对男友的离婚原因做过了解和调查，就不会贸然进入这样一段错误的关系，给身心留下无数创伤。

再举个例子，"江歌案"的凶手陈世峰，案发后被爆出，在校期间就对前女友有过暴力行为，由此可见，江山易改，家暴难移。还有家暴致死的董珊珊，如果她对丈夫的过往有过了解，就知道丈夫曾因家暴入狱，在中国裁判文书网上可以查到相关信息。很多非涉密涉私的案件都公布在这个网站，有前科的人员，均被记录在案。生活中也要留意对方是否有家暴倾向，很多家暴人格的养成和生长环境紧密相关。你可以观察他父母的相处模式，如果他父亲有家暴习惯，那么从概率上来讲，他家暴的可能要比一般人大。如果他习惯用暴力解决问题，上学和工作期间多次和他人发生肢体冲突，不要一味站在他那边，而是提高警惕，因为很可能，当你们发生矛盾时，他也会用武力来解决你们之间的问题。这不是恶意揣测，这是为自己的安全求一份保障。

最后一点，如果你的结婚对象，经济实力没问题，也没有遗传性疾病,而且性情稳定不家暴,是不是就万事大吉了?别急,还有一种婚前调查很有必要,你要确定你的婚姻不是"同婚"。

无数的"同妻""同夫"在婚姻中遭受着忽视、冷暴力和第三者,甚至是艾滋病的威胁。他们什么都没做错,只因为选择了一个看上去还不错的结婚对象,就沦为了对方性取向的挡箭牌。我们指责那些为了一己私欲,不敢直面家庭和社会压力的人,用牺牲别人幸福的方式保全自己的体面。但也要警醒,我们的幸福不能寄希望于别人的仁慈。做好婚前调查,确保对方是异性恋很有必要。可以针对伴侣的过往情史和周围的亲密好友做重点调查,一旦确认,走为上策。

总之,婚姻里有太多不确定因素,我们无法把婚姻当作纯粹的经济行为进行理性的分析和判断,但是婚前调查的确可以规避一些风险,让我们及时止损,以防陷入更大的祸端。

4. 婚姻是长线投资，增值资产很重要

相亲角，又名大型婚恋买卖现场。在那里，你所有的有形和无形资产，都能被明码标价。身高、学历、年龄、房子、车子，相亲角为你掂量得清清楚楚，绝不缺斤短两，关键是客观公正，标准统一，连你妈都做不到那么细致。

爱情至上主义者认为自己的信仰被玷污，大力抨击这种"灭人欲"的相亲行为。但我认为凡事都要辩证去看，婚姻本来就是长线投资，将所有资产公开，挑选合适的伴侣，就像创业挑选合伙人一样重要。有些年轻人会问：爱情呢？我那至高无上的爱情呢？果然，只有小孩子才论爱与不爱，成年人只看利益与性价比。

如果说婚姻是两家企业合并，追求最大的效益，那么其中最大的风险是什么？是对方手里有大量贬值资产或者不良资产，缺少增值资产。那么这样的合并从一开始就是有风险的，会让你轻则受创、重则破产。若把择偶行为当作一门经济学，那么其中很重要的一门课就是：资产评估。如果对方持有风险过大的贬值资产，就要给自己一个重新来过的机会。

纵观那些失败的婚姻，很多都是没有准确识别对方手里的资产。占据贬值资产头号宝座的是：美貌。

没错，美貌是贬值资产，在整容和医美技术发明之前，这种资

产非常珍贵和稀缺。随着科技的进步,帅哥、美女变多了,这让稀缺资产不再稀缺,从价值上来说,贬值了。这是第一方面。第二方面,则是岁月不饶人,美貌从时间轴来看,是在走下坡路的。

曾经有一个漂亮的美国女孩在网站上发布了一则征婚帖,内容简单明了:我25岁,是美女,大美女,想嫁给一个年薪50万的有钱人,怎么才能做到呢?而且里边还有一些附加信息,说她并不是贪心,在纽约年薪50万都不算中产。

一则征婚帖,炸出了一百个哈姆雷特。有人觉得这是明目张胆的性交易,人性扭曲、道德沦丧;有人觉得这是爱情买卖,市场开放,各取所需。这时候,一个经济学家站出来,说:"我年薪超过50万,我来告诉你,我们这类人为什么不愿意娶你。"他给所有想嫁给有钱人的女孩们上了一课。

一位经济学家曾经说:"从经济学角度来说,你出美貌,我出金钱,咱俩结婚在你看来是公平的交易,但是在我看来,这是个失败的经营决策。因为美貌会随着时间流逝而消逝,多少玻尿酸和肉毒素都换不回一张18岁的脸,而我的钱,如果不出意外,是会越来越多的。所以,你的美貌是贬值资产,30岁之后,甚至会加速贬值,而我的钱是增值资产,很可能水涨船高,你却不可能一年比一年漂亮。

"如果你的美貌是你的唯一资产,那么五年之后,你的价值堪忧。请相信年薪50万的人都不是傻瓜,对于加速贬值的资产,我们这类人都会做出类似的选择:短期租赁,而不是长期持有,也就是

第四讲　美满婚姻，人生跨越的保障

说，谈谈恋爱睡睡觉是可以的，结婚是不可能的。"

残忍吧？但是的确很多人都是这么做的。尤其是有钱的金融界人士，把婚姻看作大型资产重组，有人可以永远有钱，但是没人可以永远貌美，这种不等价的交换，脑袋精明的人算得很清楚。所以想嫁给有钱人或娶个富婆，最保险的方式是把自己也变成有钱人。好看能当饭吃吗？经济学告诉我们：不能，真的不能。所以找对象，美貌这种贬值资产，还是别太看重。自己只有美貌的，还是要努力拥有增值资产。

除了美貌，还有一种资产风险很大，这种资产的拥护者太多，接下来的分析会狙击一片信徒，请做好心理准备，这种资产是：爱情。

言情剧《遇见王沥川》中有这么一段台词：我什么都没有，可以说一无所有，但我给了你我所有的爱，在爱情面前我比你富有。

看剧的时候，演员哭得梨花带雨，观众看得热泪盈眶，高呼"真爱无敌，爱情万岁"。但是请你们冷静下来仔细想想：这种爱情为什么被歌颂？因为少见，因为特殊，因为异类啊。婚礼上，人们手搭着《圣经》说不论贫穷或者富贵，健康或者疾病，我都爱你。但是一两年就离婚的不计其数。才子也能对着女友说：我爱你确实是百分之百，但现在来了个千分之一千的。这种人，留着干吗，做数学题吗？还有一类人，爱你时可以给你捐肾，不爱了，恨不能把家里的微波炉都一分为二，一百块都不多给你。

古人早就教导我们"故人心易变"。把所有宝都押在对方的爱情上，失败风险很大。现在很多人信奉"面包我自己赚，你给我爱情就好"的理想婚姻，但是有没有想过，这种婚姻失败了就是"爱情没有了，你还要分走我的面包"。我绝不是危言耸听，因为这种用真金白银的资产和对方的爱情资产合并的失败案例比比皆是，比如轰动韩国的三星长公主李富真离婚案。

这是一个顶级白富美爱上穷小子的故事。两人的结合好比一个世界级企业合并一个家庭小作坊，大企业看中了小作坊的爱情资产，非常可观。可是合并之后，小作坊的爱情资产缩水，明明是小企业内部问题导致合并破裂，然后小作坊还要分走大企业的钱。大企业：怪我被猪油蒙了心……

所以说爱情是太不可控的东西，在资产重组里，不可控的风险越大，失败的概率越大。用爱情来粉饰两者之间的差距，或者把爱情和真实财富同等看待，无异于给不良资产作保，极有可能被拖下水，自身难保。

当然，外貌和爱情都可能成为恋爱里的首要因素。但是注意，是恋爱关系，不是婚姻关系。我会仅仅因为你美丽帅气就和你恋爱，但我不会轻易和你结婚。

我一直在强调，婚姻是长线投资，想要让婚姻关系一直处在健康的盈利状态，就要在婚前准确识别对方的不良资产。理想的状态是，对方持有大量增值资产，比如才华。

我有一个学员，毕业于西安交通大学，毕业五年，给父母在省

第四讲　美满婚姻，人生跨越的保障

会城市买了房子。他说他每天醒来，都不知道自己在哪个国家。他工作的公司，就是《我的前半生》中贺函、唐晶所在公司的原型。那种公司卧虎藏龙，一个本科毕业生能在五年之内坐上项目负责人的位置，他的才华、他的能力，已经得到了证明。他也属于早婚一族，刚毕业就结婚了，结婚对象是大学女友。

问他为什么在一无所有的时候走进婚姻，他说，女友和他一样，都是有能力、有才华的人，两个一无所有的人结合，再坏也不会坏到哪里，而且他们相信，对方都是潜力股，房子、车子、票子都在来的路上了。那爱情呢？他说："有啊，不爱怎么结婚。但我们都不是圣人，想要婚姻牢靠，只依靠爱情是不够的，不如利益捆绑来得更为牢固。所以，我们有很多共同资产。"

商人总说，没有永远的朋友，只有永远的利益。其实婚姻里也一样，没有永远的爱人，除非爱人能一直给你利益。而才华和能力，就是利益的原始股。

在婚姻里，什么是增值资产？对方的能力和才华、家境和人脉都算。什么是贬值资产或不良资产？对方的美貌和爱情。所以，走进婚姻之前，不如衡量一下，对方持有多少增值资产和贬值资产。成功的婚姻，要么是只有增值资产，比如对方丑，但是有才华；要么是增值资产大于贬值资产，比如他有才又有貌，才华也突出。唯独不能只有贬值资产，比如和一个外表光鲜但内在空无一物的"花瓶"或"鲜肉"结婚。

但是万事不可一概而论，毕竟人心是最捉摸不定的东西。世界

有效奋斗

上当然存在一个人,终其一生就喜欢对方的皮囊,或者彼此在一贫如洗的婚姻中靠爱情续命的情况。但这都不能证明婚姻是不求利的,这只能证明有些人的爱情是伟大的。

5. 打破虚幻泡沫,婚姻要回归现实

当代女性的择偶标准是什么?

网上有一个段子形象地描述了女性群体的择偶取向变化:50年代一颗红心,60年代重在出身,70年代最好是解放军,80年代海外关系、十万现金,90年代豪宅名车、出国兜风外加百万现金……

进入新世纪,女性的择偶标准被高度浓缩成了三个字——高富帅。长相照着张国荣找,身高照着张智霖找,资产照着张朝阳找。其中,必要的时候,张国荣和张智霖可以为张朝阳让路。到了近几年,女性同胞的择偶标准又上升了一个档次,我称之为"高富帅2.0版"。除了高富帅这三项基本要求,她们同时也希望将来的另一半能够地位不输张艺谋,温柔不输张卫健,责任感不输张译,才情不输张国立。上述内容并非夸张,现在很大一部分女性就是在以这种择偶观挑选对象。幻想着有一天,骑着白马的王子能踏着七彩祥云从天而降,带着自己从此过上物质精神双重满足的神仙眷侣的生活。

这种择偶标准跟几十年前的日本女性的择偶标准有异曲同工之妙,当时在日本流行着一种"三高"的说法,这种三高不是我们现在理解的三高:高血压、高血脂、高血糖,而是"高学历、高收入、长得高",即毕业于知名大学(东京大学、早稻田大学),年收入在1200万日元以上(约60万人民币),身高在174cm以上。

在当时的日本，想要追到女孩子，三高只是基本条件。房子、车子，少了哪一样都没戏，而且这房子最好是东京的，车子最好是从欧美进口的。可即便有这么多看似严苛的条件，那个时候的男人们还是前仆后继上赶着为女人花钱，生怕机会被别人抢去。于是，那时就有了这么一种现象，很多日本女性同时拥有好几个备胎，有人跑腿，有人付账，有人送礼物，最后剩下的那个才是真爱。

显然，我国现代女性的择偶标准与日本女性有点相似。但同样是这些要求，为什么日本女性在当时能够脚踩几条船，而我国女性要么饱受单身困扰，要么在婚后发现生活并不如当初想象的幸福浪漫？

原因其实很简单，因为当时日本所处的时代是泡沫经济时代。在那个时代，日本整个国家都处在一种虚假繁荣之中，所有人都在忙于挣钱，所有人都有钱，女性在职场中的各方面待遇也相当好。所以男性对女性的容忍度自然就高，对她们提出的各种要求也就没有多大怨言。看到这里，相信大家心里应该已经有答案了。那就是日本女性之所以提出这种择偶条件，一是因为整个社会都有钱，二是因为她们本身足够优秀。

而现在我们所处的社会显然不是什么泡沫经济社会，所以虚假繁荣下产生的择偶条件并不适用于现在。毕竟钱不好挣，没有人再愿意当冤大头，花大量时间和精力去追一个本身既没有价值，也给不了他任何回报的人。我理解每个人都有慕强心理，所有人，不论男女，在选择伴侣的时候都会下意识寻找比自己优秀的人，或者说

第四讲　美满婚姻，人生跨越的保障

是价值高的人，这里的价值包括财富、地位、能力、内涵修养等。这种心理最后产生的问题就是，久而久之双方会产生巨大的价值鸿沟，而这种价值鸿沟很难被轻易填平。随着鸿沟越来越大，双方最终走向分手的可能非常大。

因此，想要顺利找到对象并且能将婚姻维持下去，首先要打破自身由"泡沫经济"而产生的幻想。择偶不能只凭空想，还要考虑现实问题。盲目追求不切实际的对象，且不说成功的概率微乎其微，就算有幸结合成为夫妻，但能真正走到最后的也不多。我看过很多文章都在鼓励人们去寻找"真爱""不将就"，但是问题的关键是，婚姻不是扶贫，你不愿意将就别人，又凭什么要求别人将就你呢？你有什么资格和价值谈将不将就的问题？

什么样的人适合做普通人的婚姻伴侣？答案自然也是普通人。或者用稍微流行一点的词来说，就是经济适用男，这跟日本女性后来追求的"三平"和"四低"又有相似之处。所谓三平，指的是平均化的年收入、平凡的外表、平稳的性格。

平均化的年收入，即拥有相对稳定的工作和收入。这年头，看什么都不如看对方工作和收入是否稳定，那些国企、500强的名头都是虚的，再有名的公司，该裁员照样裁员。之前网易暴力裁掉身患绝症员工的事在网上激起了一阵讨伐声，以这件事为导火索，引出了很多同样被裁员的前网易员工的控诉，其中一位表示他在被裁前一个月还获得了网易的员工希望之星奖，没想到给了他"希望"之后，紧接着就给了他这么大的绝望。

现在不管是实体行业还是互联网行业,在发展遇到瓶颈时,裁员是公司惯用的伎俩。所以与其寻找所谓的"绩优股",不如选"稳定股",不管市场有多动荡,总能保持稳定的收入,选择跟这样的人结婚,生活才算有一定的保障。网上经常调侃,父母眼中最好的职业只有公务员和老师,结婚首选对象也是这两者。原因其实非常简单,就是因为这两种职业是目前最稳定、最有保障的工作。尽管工资不是很高,但是稳定和福利两项足以胜出。

除了有稳定的工作,平稳的性格也很重要。所谓平稳的性格指的就是性格相对成熟,能控制自己的情绪。作为感性十足的女性群体,加上好奇的天性,她们往往更青睐于会说好话、玩浪漫的男人,即便知道他们满口谎言。但是我们都知道感情和婚姻不是靠浪漫和谎言就能经营好的,更多要靠责任感。孝顺父母,对家庭有担当,有自己的处事原则都是责任感的几种表现。娱乐圈的模范夫妻,现实生活当中的模范夫妻几乎都拥有这样的性格。

除此之外,能否控制自己的情绪这点也非常重要。一个不能控制自己情绪的人,是最容易做出家暴行径的人,这种极易失控的人,就算外部条件再优越都不能交往。

我还想要强调的一点是,很多女性总是抱着能够感化对方的幻想,认为"玩咖"在结婚之后,就能够安定下来。但是事实证明,99%的玩咖在结婚之后依旧是玩咖,普通玩咖虽然不至于玩儿那么大,但是婚后该撩骚还是会照样撩骚。浪子回头的概率,比在300万转发当中被抽中为锦鲤还要困难。想要婚姻长久幸福,最好还是选择性格相对成熟平稳的对象。

最后还有一点是平凡的相貌，我在这里强调长相的意思并不是让你故意挑丑的做结婚对象，而是想说，找对象对对方的颜值要求不要太高。

我看过某婚恋网站做的一项调查，调查结果显示，60%以上的被调查对象都认为未来另一半的颜值非常重要，他们对颜值的要求甚至高于某些物质要求。我理解爱美之心人皆有之，对另一半的相貌有要求，不仅是为了让自己赏心悦目，还是为了下一代。但是颜值说到底都是浮于表面的东西，它当不了饭吃。更何况从现实角度来讲，很多颜值高的人因为从小身边就不乏追求者，多多少少会有些自恋和自傲心理，症状严重点儿的人，对待感情的态度要比一般人敷衍一些。对你来说，他是你至死不渝的此生挚爱，对他来说，你可能只是"拜拜就拜拜，下一个更乖"。而对方如果相貌相对平凡一点，起码你们的起点是相同的，对方不太可能会有"仗颜行凶"的资本。而且相貌普通的人一般上进心比较强，因为他们知道自己没有外貌优势，所以只能通过提高内在修养增加成功的概率。总之，我想表达的观点是：相貌可以作为择偶条件，但是绝对不能作为第一顺位。

看到这里你会发现，如果把择偶条件定为"三平"，其实找到一个合适的对象并不是那么困难。

本篇是以女性视角着笔，对当代女性择偶条件提出了我自己的一点意见。当然，这篇文章同样适合男同胞们阅读。所有普通人，不论男女，在挑选婚姻伴侣的时候，打破心存的幻想是首要前提。在回归现实的基础上，选择三平或者四低的对象，能够避免婚后因价值观不同、人设崩塌等问题带来的麻烦。婚姻是真实的生活，而非虚幻的泡沫。的确有人最后成了那个幸运的灰姑娘或是癞蛤蟆，但是别忘了，这个世界上瞎了眼的王子和公主并不是那么多。

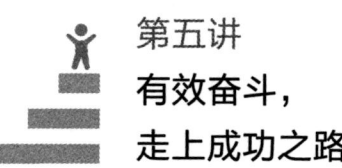

第五讲
有效奋斗，
走上成功之路

1. 用发展眼光看问题，行业前景更重要

择业这个话题，在学员们感兴趣的话题排行榜上，一定能排进前三位。我这么说，很多人可能要对我报以冷笑了，说你别逗了，职业是谁都能选的吗？在这个就业岗位有限而大学毕业生无限的时代里，不是我们选职业，是职业选我们。我们无法选择自己喜欢的工作，只能去做自己能做的工作。

我不知道这些人这么自我贬低能给自己带来什么，觉得自己很差，很无能，对生活毫无办法能让他们舒服？是能美容养颜，还是能健体补肾？或者想证明我是生不逢时，还是说我本来就不好？但往往不是这样，很多人会在时过境迁，自己处境不好或者一事无成的时候，后悔曾经有一个很好的机会摆在面前没有珍惜。他们最喜欢用的句式就是："如果当时我做了某某工作，我现在早就是业内大咖了。""我那时候要是干了某某行业，现在早就身家过亿了。"但他们什么都没做，因为他们当时觉得自己不够好，觉得自己没得选。可他们真的就没得选吗？还是他们不会选，选错了？

我有一个学员，叫小美。大学学的是工商管理。这是个听起来很高大上但实际上非常接地气的专业，要知道，现在幼儿园都恨不得要开工商管理课了。她大学时不是太出众，又是这样一个专业，所以大学毕业之后肯定不能待价而沽，只能毛遂自荐。于是她开始

有效奋斗

广投简历，她把生活分成了三部分，三分之一用来投简历。后来，她在一家保健品公司找到了一个售后的工作，每天接电话，听着那些爷爷奶奶的谩骂，然后不带任何感情地告诉爷爷奶奶们保健品是有效的，是他们吃的方法不对，这个药既不能饭前吃也不能饭后吃。爷爷奶奶听了这话气疯了，质问她：“那该什么时候吃？”她在心里回答：“什么时候都不该吃。”工作了两个月，她都快抑郁了，跟我讲述她悲惨经历的时候哭得像喷泉。我当时也觉得奇怪，一个一本大学的毕业生，怎么会找这么一个工作呢？在了解了小美的具体情况之后，我才明白，其实这一切都非常合理。

小美上了大学之后就没好好学习过，每年都要经历三场考试，期中考、期末考和补考，临近毕业时靠"豁出命去学习"才勉强拿到了毕业证。前文提到她把生活分成三个部分，其中三分之一用来投简历，那另外三分之二用来干什么呢？用来睡觉和打游戏。因此，在睡觉、游戏、投简历中周而复始的小美不知道自己想做什么，能做什么，只知道工作很难找，竞争很激烈，所以把三分之一的时间都用来投简历了。就这样，在她接到保健品公司的入职通知的时候，还高兴了一阵子，因为不用再投简历，可以在上班之前把三分之二的时间都用来打游戏了。

我的另一个学员，姓王，在广州做外贸，做鞋帽饰品，出口东南亚，很赚钱，但王老板这人居安思危，看到自己的外贸生意，虽然眼下不错，但行业有夕阳产业的趋势，他想转行。但转行需要购置设备，重新开拓市场，投资很大，而且前途未卜。家人朋友都不赞成他转行，说眼下赚钱就先赚着，这个行业这么大，不行了也不是只有他一家不行，天塌大家死，你急啥呀？你命比别人的值钱啊？王老板犹豫不定，于是找到了我。

我给他们讲了三条法则和两个理论。三条法则是规划人生、确立目标、坚定执行。两个理论是鲁尼恩定律和雪坡理论。

可能我在具体解释这三条法则之前，就已经有人哭喊了，"我不行，我根本就做不到，你为什么那么残忍，还要用你的成功来折磨平庸的我"，再配一个紧抱自己流泪的表情包，妥妥地"自抱自泣"。

《孟子·梁惠王上》当中有一段，大意是孟子为梁惠王讲怎么才能做一个好的王，梁惠王听了故意扯皮，说老师你说得真好，但是我做不到啊。孟子说你不是做不到，你是不想做。梁惠王就问了，做不到和不想做的区别在哪儿呢？孟子说，我让你把泰山夹胳肢窝底下跳过北海，你说做不到，那是真做不到；让你帮老人折个树枝，你说做不到，那是不想做。以"做不到"为借口来逃避该做却不想做的事，就是一种对自己不负责任的态度。

我说的"规划人生"，就是先确定自己能做到什么，或者先确定自己做不到什么，比如潘长江老师选择做一名喜剧演员，而不是篮球运动员。规划人生是做减法，尽可能排除错误答案，让我们少走弯路。做完了这一步，接下来就是"确立目标"，在我们能做的事情里找一个最好的。所谓的最好，就是这份工作能让我的后半生都过得很好，而不是只在眼下好。也就是说，我是找一个工资较高的看大门的工作呢,还是找一个工资暂时不高但前途无量的工作呢?有人说我选看大门,因为活在当下,不管以后,万一明天世界末日了呢?要是明天世界末日了,我还上什么课呀?我就买一堆海鲜回家煮了吃,还配啤酒,嘌呤越高越好。而且,吃完之后,不——收——拾!

明天可能是世界末日,但明天更有可能是阳光明媚的平凡一天,你还得上班,还得过日子,而且又老了一天。老话说得好,人无远虑,必有近忧。那些只在乎脚下这一平方米空间,念叨着未来会好的人,未来都不太好。你把垃圾扫到床底下,然后告诉自己问题已经解决了,那么未来会有成群结队的蟑螂从床底下爬出来,让你知道问题严重了。该来的总会来,所以如果不想冬天挨饿,我们就要在春天辛勤耕耘。

知道自己能做什么,又给自己选定了职业,那接下来就是"坚定执行"。通俗地说,干就完了。这一条是最难的。说起来容易做起来难,前两条都是说,只有这条是做。就比如说你知道自己胖,确定自己要减肥,减肥的方法是不吃晚饭,但是你每天晚上都在凌晨时分屈从于饥饿,吃泡面,吃的还是大袋的。该做的做不到,那说的一切都是白说。当然这个时候你还有话说,你会说我就是做不到,我没能力。或者做到又能怎么样,我根本瘦不下来。如果是这样,那未来当你在商场试衣服时,最好别羡慕身边那个穿L号的美女。

说了这么多,一定有人好奇我上面提到的两个学员最后怎么样了?小美按我这三条法则梳理过之后,先卸载了游戏,然后确定自己管理不了企业，在她学过的科目里只对会计学感兴趣。于是她换了一个工资低但清闲的文员工作，利用业余时间努力学习，在一年后考过了会计证，现在已经是一名会计师了，去年刚买了房。除了"三条法则"，小美还完美地实践了"雪坡理论"。"雪坡理论"是人们根据股神巴菲特每年《致股东的信》中总结的理论。巴菲特有今天的成就并不是靠频繁地换手买卖，寻找最赚钱的股票，而是找到有稳定增长前景的公司股票，坚持投资。他说："人生就像滚雪球，最重要的是发现很湿的雪和很长的坡。"很长的坡就是那些能够稳定增长的股票，很湿的雪，就是他对目标的坚持和不懈的努力。

推而广之，很长的坡，就是一个拥有广阔前景的工作。很湿的雪，就是对这个目标坚定的信心和切实的努力。再回到小美，会计师的工作就是她的那条长坡，很湿的雪就是她确定目标后默默的坚持和完美的执行力。完成目标不是偶然，也不是幸运，是知道正确的方法，并且用正确的方式实现了正确的方法。所以看到别人工作好，该做的不是羡慕嫉妒恨，而是想想为什么。

而王老板在用三条法则甄别过未来方向之后，果断放弃了外贸，转做了手机壳的生意。现在他身边那些做外贸的亲戚朋友都生意萧条，只有他生意红火，春风得意，成了"别人家的老板"。他遵循的则是"鲁尼恩定律"。这个理论是奥地利经济学家R.H.鲁尼恩提出的，简单说来就是眼下的强者，不一定永远是最强的，眼下的弱者，也不见得一直是弱者。成败、胜负是一个很长的过程，因为环境是在不断变化的，一城一池的得失并不能决定结果，所以谁笑

有效奋斗

到最后,谁笑得最好。面对人生,豁达的人讲究"活在当下",而狭隘的人讲究"只顾眼前",鼠目寸光的结果往往是人生空间的狭窄。王老板放弃了眼下不错但大势已去的外贸行业,选择了方兴未艾、前景广阔的国内市场。

亚马孙河每年在雨季的时候都会大面积泛滥,周边的村镇需要摆渡船才能正常生活,所以有摆渡船的人家在这个季节都会赚一笔钱,可为了赚这笔钱专门买船的人都亏了,因为洪水每年只有一个月,摆渡船在其他的十一个月都毫无用处。在考虑一个能影响自己一生的决定时,不能只看眼前、看一点,要看未来、看全面。假如一叶障目,那么一片叶子,都能阻断你的未来。

找工作,就找一个有前景的工作。你所要做的就是找到它,然后实现它。你如果没目标,没开始,什么都没做,没坚持,怎么知道自己行不行?做了有没有用?有一部电影叫《一代宗师》,里面有两句台词我很喜欢,一句是:"宁可一思进,莫在一思停。"不管怎么茫然绝望难受,也别停下,一直往前走。另一句是:"念念不忘,必有回响。"知道什么是对的,坚持下去,总有回报。工作跟嫁人差不多,找不到好的,一换再换也只能白白蹉跎岁月,而且还伤心伤神。我们都不是天才,登不上富豪榜,只能登个山,但只要选择对了职业和行业,我们一样能获得幸福,过好我们平凡却不普通的人生。

2. 别拿兴趣当理想，能力才是成事的关键

不止一次有人问我，老师，我对这个行业有兴趣，我想做这之类的工作，您有什么建议？

对于这样的提问，我一般不乐意往下听，而是当机立断地怼回去：你知不知道兴趣和理想是两回事儿？你喜欢的、感兴趣的，和你能做什么、适合做什么，完全是两回事。

兴趣是什么？兴趣是你平时就喜欢干的事儿。每个人都有兴趣，有人喜欢吃喝，有人喜欢玩乐，有人喜欢美女。

而理想就比较复杂了。相对于兴趣那种源于本能的、发自内心深处的喜好，理想要结合个人的能力、现实的情况、期望达到的目标、为之付出的行动力……

简单地说，兴趣是：我想干什么。理想是：我能干什么。

兴趣可以是空口白牙，而理想必须有现实支撑。拿着兴趣和我谈未来，谈找工作，谈创业，我只能送你两个大字：呵呵。

我从小就喜欢广末凉子，我也没拿娶广末凉子当理想。我的一个朋友，她也痴迷一个偶像，梦想着能常伴他左右，并且还真的成功了。多年后，她成了这个偶像的经纪人，陪着他鞍前马后，走南闯北。但前提是，她八面玲珑，交际能力极强，具备成为一个经纪人的基本素质。并且，她真的把爱好当成理想那样认真对待，多年

前就确立了要成为偶像经纪人的目标,为此不断努力,得前辈引荐后最终如愿以偿。

只有这样的人,才配拿着爱好谈未来。

拿兴趣当理想,当心吃不上饭

现在,有很多毒鸡汤会告诉你,做自己喜欢做的事,才对得起自己的人生。

他们唯独不告诉你,自己喜欢的事,做砸了怎么办?填不饱肚子怎么办?赔得一塌糊涂,活不下去了怎么办?对得起自己的人生了,对不起自己的生命怎么办?

而我,作为你的人生导师,我不给你灌毒鸡汤,我给你吃颗药。

毒鸡汤看似滋补,其实有毒。良药虽苦,但有用,能治病。

我明确地告诉你,工作的最根本意义在于谋生,在于赚钱。它是你存活于世上的资本,是你有心思去爱好这个喜欢那个的前提。给自己确立一个切合实际的工作目标,脚踏实地为之奋斗,在实现温饱的基础上奔小康,在小康的前提下奔向富裕,这才是一条正确的发展路径。而从兴趣的前提出发,不问自己能干什么,只问自己想干什么,这叫好高骛远、不切实际。

类似的例子可以说数不胜数。我二舅妈的三姨家隔壁的小女儿,幻想着一夜成名,誓要挤进娱乐圈,搞艺术,出人头地。想出名,不可怕。问题是想出名的这人没文化。她想出名的前提是什么？竟然是她喜欢唱歌。她的歌喉我有幸耳闻过，不夸张地说，只是悦耳而已。退一万步讲，就算你歌喉动听，仅凭自己喜欢唱歌的爱好，估计连娱乐圈的边儿也够不着。想打入娱乐圈，要求的东西太多了，你得十八般武艺样样精通，天时地利人和一样不少，才能勉强获得个入圈的资格。

一时兴起，后悔一生。说到这儿，有人会说了："我那不是一时兴起，我对这东西感兴趣很多年了。"对不起，你感兴趣再多年，没有专业的修为，那也充其量是个爱好者，是个资深玩家，用梨园行话来说，那叫资深票友。爱好和特长，那是两码事。与其把精力放在不切实际的爱好上，不如深耕自己的特长，稳扎稳打，踏踏实实地赚钱。

拿什么招呼你，我的兴趣和理想

都说世界这么大，你哪儿都想去看看，其实拿出镜子，上上下下、左左右右地好好端详自己、了解自己，才是最该做的事。我说的这个端详，不是瞅自己的颜值有多低下、毛孔有多粗大，而是以旁观者的眼光好好琢磨自己，问自己三个问题：我是谁？我能干点什么？我怎么才能干好？

第一个问题，你是谁。你是老王家的小小王，这个没有人在意。实际情况是，根本没有人知道老王是谁，也没有人知道小王是谁。都说条条大路通罗马，但有的人出生在罗马，有的人坐一站地就能到达罗马，更多的人倒好几趟车，费尽九牛二虎之力，也未必能到达罗马。很不幸，我们大部分都属于这第三类人，生来平凡，没有显赫的出身。正因如此，一切都要靠自己的双手来挣，脚踏实地干实事，别拿爱好当理想。

第二个问题，我能干点什么。都说当局者迷、旁观者清，自己看自己的能力，就和自己看自己的容貌一样，很容易带着粉丝滤镜，看自己哪儿都好，能力拔群，成绩卓越。去找同学、朋友问一下，相信问过一圈过后，你会对自己的能力有个清楚的认知。

第三个问题，我怎么才能干好。知道了自己能干点什么，确立了发力方向，接下来就要像离弦的箭、饥饿的狼一样，稳扎稳打地向着目标前进了。不管是报班接受职业培训，还是直接就业，在工作中再学习，只有四个字：干就对了。这个世界上，爱情可能会背叛你，友情或许会辜负你，但是只有努力从不负你。当然，我说的努力，是确定好了方向之后的努力。

至于爱好，就继续让它成为爱好吧，毕竟，人活着总要为自己找个乐儿。繁忙的工作之余，用来陶冶情操、放松身心，挺好。只是那些爱好唱歌的朋友，若是你的歌唱水平和我二舅妈的三姨家隔壁的小女儿不相上下，那放声高歌的时候还是悠着点儿，还得顾忌着街坊四邻的感受。毕竟，别人唱歌要钱，你唱歌扰民啊。

3. 主动做出改变，才能获得更好的发展

最近经常收到类似"要不要离职，换个环境"的咨询。提问人不论男女，出场即自带一股怨妇气息，熏得方圆百里人畜不分，直接晕倒。我因自身免疫力强，再加上过高的职业素养护体，得以幸免于难。忍受着随时会晕厥的风险，听完了几十位咨询者的亲身悲惨经历，我最后得出一条结论：都这样了还不跟公司"离婚"，你们究竟是天生受虐狂，还是对老板爱得深沉？

离开，对他们来说未尝不是最优选择，老话也说过：树挪死，人挪活。树挪死，人挪活，这话理解起来其实很简单，它的意思就是在说如果树随意挪动了位置，它多半会死掉，甭管你是拿每瓶售价100美元的Fillico矿泉水给它浇水，还是天天给它放贝多芬的《命运交响曲》，都阻止不了它去见上帝的迫切脚步。而人则不然，适当的运动反而有益于身心健康。有时候遇到困难，换个角度思考，或许会发现难题瞬间迎刃而解，而从未奢想过的成功，其实离自己只有一步之遥。一言概之，就是人要学会变通。

变通分为两种情况，一种是被迫式改变，一种是主动式改变，二者虽然被触发的点不同，但是目的和结果都是相同的：to be a better man, to have a better life。

所谓的被迫式改变，就是类似文章最前面讲的，要么是在职场

中遭受了各种非人的对待，要么是在生活中陷入困境多时得不到解决，这是大环境在逼着你改变。这时候，变则活，不变则死。

在公司兢兢业业，结果期间不是被同事抢功，就是被顶头上司穿小鞋，光谈理想就是不谈升职、不谈钱。这个时候，除非此人已患上了斯德摩尔综合征，否则做出改变是必然。普通人想要获得狭义上的成功，摆脱赤贫成为中产都已经相当困难，如果在明知前途无望的情况下，还围着这一棵树打转，最后也只能是以"吊死"做结局了。

同样，如果某一个行业已经进入寒冬，该行业某些企业的领导人是寻求转型，还是坚守阵地，在倒闭的路上一路狂奔？如果暗恋四年的女神要嫁人了，你是含恨祝福，转身另觅良缘？

答案显而易见。

之前，因为几十年如一日"丑爆了"的包装，以及"从小喝到大"这条被认为低俗的广告语，先后两次登上微博热搜的"椰树椰汁"就是一个"人挪活"的实例。椰树椰汁的前身是海南一家罐头厂，因为时代原因，罐头厂遭遇连年亏损，已经在倒闭的边缘疯狂试探了不知道多少回了。多亏厂长王兴及时转换思路，试验性地把椰果产品做成了椰汁，结果大获成功，罐头厂也转型成为果汁厂，摇身一变，从一介"穷小子"成功变身成年营收40亿的"土豪"，实现了从"赤贫阶层"到"权贵阶层"的阶层跨越。试想，如果当时王兴没有转型的念头，而是一意孤行，坚持做罐头生意，那么现在恐怕已经彻底倒闭了。

这和卡贝定律所表达的观点不谋而合，即放弃有时比争取更有意义。如果目前你所拥有的东西已经成为你的一种负担，或者说劣势大于优势，那么不如索性放弃。当你放弃了这些于自己有害无益的东西，你可能会发现，自己将能获取更大的"益"。

再说说主动式改变，有人被动去改变，自然也有人主动去改变。主动去寻求改变的这些人，面临的境况并不像前者那般，如果不变就有"杀身之祸"，他们深谙"人挪活"之道，求变往往是为了谋取更好的发展。

尽管生活工作很安逸，但是太过安逸并不是什么好事。经常被拿出来讲的青蛙现象，讲的就是这个道理。把青蛙放进沸水里，它能立马跳出来，而如果把沸水换成温水，它多半会死，这就是温水煮青蛙。过于舒适的环境，就如同逐渐加热的温水，而你就是温水中的青蛙，陷入危险而不自知，虽然可能你皮糙肉厚，不至于被煮熟了，但是难免会被烫掉一层皮。俗话说，人往高处走，水往低处流。太过安逸，很容易让好好的一潭活水变成死水，也让好好的一个大活人变得故步自封、止步不前。想要避免陷入这种危险模式，就需要你有居安思危、不断创新的意识。

我非常理解有些人在一种环境下待久了，拥有了稳定的工作和人际关系之后就不想再改变，更愿意过一种稳定、平凡的生活。平凡当然没什么不好，但是如果你有麻雀变凤凰的心，那么学会变通，适当挪一挪还是有必要的。

我的一位做商业插画师的学员，谈及自己从手绘转CG的经历，他说当初做这个决定并不困难。一是因为当时大势所趋，二是因为他觉得个人手绘水平已经到达他的上限，想进步已经非常困难。而CG能提供给他很大的空间，所以转型也算是水到渠成的事了。现在他的水平已经精进很多，每张商绘的报价已经过万，粉丝也超过了50万。他自己也感叹，要不是这次转型，恐怕他还在为儿童出版社画插画。

达维多定律指出，一家企业如果想在市场上占据主导地位，就必须第一个开发出新一代产品。如果失去"第一"的优势，那么所获的利润将远不如第一家冒险吃螃蟹的企业。该定律提出者达维多曾就职的英特尔公司，就是利用这条定律，永远抢先一步生产出更新的微处理器，进而一边削减旧芯片的供应量，一边降低新芯片的价格，将竞争对手和用户玩弄于股掌，迄今为止，英特尔公司仍然占据着CPU最大的全球市场份额。海尔冰箱当年的营业额在全国范围内遥遥领先，靠的也是不断创新，以保证自己的竞争优势。因此，要具备一种忧患意识，在紧迫感和危机感当中，不断超越自己，获得更大的成就。牢牢记住，要想保持领先，就必须时刻否定或超越自己。

被动，抑或是主动去改变，最终无疑都是在印证"人挪则活"这条理念。要注意的是，"挪"不仅是指地理位置上的改变，更多的是指思维上的转变。另外，我要强调的是，虽然我提倡要学会变通，换个环境，换一种角度、方法。但是"挪"并不只是一个简单的动词，什么时候挪，该怎么挪，里面都大有学问。不是说想挪就挪,挪了就能活,因为瞎挪乱挪,导致最后"死无全尸"的大有人在。

在"挪"之前做好规划和考量最为关键。

规划,也就是计划。考量,即为思考和衡量,通常带有反复斟酌并比较的意味。其实这就是在说,做决定不能全凭一腔热血,说变就变,说把现在手头的东西丢掉就丢掉,完全不考虑后果。今天上午老板骂了你一句"脑袋进水",结果你新仇加旧恨,下午就炒了老板鱿鱼,临走前还叫嚣"此处不留爷,自有留爷处"。你以为这叫变通,其实这只能叫冲动。而冲动的后果就是,你成功地把自己"挪死"了,成了一名"光荣"的下岗待就业人员。

诸如此类的蠢事太多,不再一一列举,你只需要知道,规划和考量是在做出改变的决定之前一定要做的工作,而方法很简单,对自己做一次最简单的剖析即可:知道自己想干什么、擅长干什么、应该干什么。

简单解释就是:听听自己内心深处的声音,是否真正渴望改变,想要往什么样的方向改变。

评估一下自己的能力,自己目前为止有没有能力去达到想要达到的目标。有意识地去学习,能提前明白任何改变都非易事,后期仍需要多方努力。搞清楚这三个问题,也就算找到了问题的解决方法,你的"变身之路"才算有了保障,起码能确保你朝着正确的方向走,不会跑偏,接下来就只需要讨论如何采取行动了。正如吉德林法则中说的那样:"把难题清清楚楚地写出来,便已经

有效奋斗

解决了一半问题。"

只要思想不滑坡,办法总比困难多。树挪死,人挪活,是死是活,全凭个人把握。

4. 学会抱大腿，你才能成为"大腿"

在中国，很多话题搬不上台面，大家只能心照不宣，比如抱大腿。我们几乎从小就把抱大腿视为一种不磊落的手段，学生时代，谁拿了奖学金，有人私底下议论，肯定抱了哪个老师的大腿。工作后，有人连升几级，有同事彼此交换眼神，传达一种"这肯定是抱上哪个领导大腿"的意思。在这种不怀好意的揣测下，谁还敢大张旗鼓地说自己曾抱过别人的大腿？不信你想想，如果一个事业有成的人，给人们分享自己的成功经验，百无禁忌地说自己有一段抱大腿的经历，创业神话肯定会瞬间崩塌；但如果这个成功人士自己瞒得死死的，却意外让人给扒出来，不仅神话破灭，那段过往还将变成黑点。所以现在的常态是抱大腿的人，要么瞒天过海，不透露一丝风声；要么打死也不承认，到处宣扬靠自己。

其实，抱大腿并没有大家想得那么不堪，这里头可有大学问。用战国思想家荀子的话来说，就是"君子性非异也，善假于物也"，意思是说君子的本性和一般人没有什么不同，不过是善于借用外物的力量罢了。而这外物，除了天时、地利，还有很重要的一项，就是人和。抱大腿就是一种典型的借他人之势。

先来说说大家为啥这么排斥抱大腿。因为我们从小接受的教育就是一种"我命由我不由天"的自我奋斗式的教育，未来想要逆天改命也好，想要影响、改变世界也好，都要靠自己。我们的传统文化和民族精神里倡导的也是独立自主，抱大腿无论如何也上不了台面。所以在这种文化环境下，如果你说你抱了谁的大腿，就成了一种依附别人的存在，大众自然瞧不上你。这说到底，是人们的"心理定势"在作怪。"心理定势"指的是在人际交往中，人们习惯用老眼光去看人，比如年轻貌美的女孩特别有钱，只有富二代和小三两个选项；年龄差较大的婚姻，一定是各取所需的交易；快速上位一定用了什么非道德手段……这种用固化了的形象去认知他人的思维，深深根植于大众内心，让人对抱大腿的行为嗤之以鼻。

但是如果你抱的大腿非常粗壮，让你也得道升天了呢？这时候，人们在劣根性的控制下，照样瞧不上你，觉得"你有啥了不起的，还不是靠抱大腿发家的，我不行是因为我爱惜这张脸，清高不龌龊"。但是一般情况下，如果有大腿让这种人抱，他们会百米冲刺般死死抱住。毕竟这种编造一些理由来自我安慰，从而使自己从挫败和不满等消极心态中走出来，是人类进行心理防卫的本能，也就是我们常说的"酸葡萄心理"。

那么在如此恶劣的环境下，为何还是有人锲而不舍、百折不挠地非要找一条好腿抱一抱呢？因为抱大腿可以实现快速进阶，也就是我们常说的"好风凭借力，送我上青云"。天时地利不太容易创造，但是我们借的这个"人势"往往可以自行寻找。站在有影响力的人旁边，无论是"狐假虎威"还是"站上巨人肩膀"，优势都是实打实的，所以才能有这么多人孜孜不倦地想借他人之势，来实现自己的目标。

好比你是个菜鸟，抱上了一个大神的大腿，打游戏的时候你上蹿下跳、慌慌张张，人家三下两下拿下第一，完了发个团队奖杯，你说你是不是沾了人家的光？利益面前，面子算什么？再举个例子，如果你是本科学历，让你当个司机你不一定乐意，心想自己可是要干翻世界的，谁瞧得上一个小小的司机？但如果是马云的司机呢？估计应聘的人可以排到国外，其中没准还有硕士甚至博士。

人们之所以热衷于抱大腿，是因为在名人效应下，自己也能轻易得道升天。古往今来的故事都告诉我们，名人拥有点石成金、一呼百应的影响力，很多人聊天时乐于炫耀自己认识一些身居要职的人，或者以"我有一个朋友"作为开场白，这些都是想借用名人光环来扩大自己的影响力。

靠着抱大腿成就一番大业的人不在少数，咱们就拿最典型的刘备举例子。刘备是谁，汉中山靖王刘胜的后代，也算是汉室名正言顺的继承人吧，这种人架子大点儿、心气儿高点儿很正常吧。但他却能放低身段去抱诸葛亮的大腿。刚开始，诸葛亮要么不在家，要么不回书信，你亲自上门又怎样，我要关门午睡了。普通人都不一定受得了的事儿，更别说是一个有着皇室光环的大人物了，可刘备硬是忍下来了。而且咱们都知道，三顾茅庐里的"三"不是三次的意思，是代指，是复数，很可能他"顾"了十几次也说不定。只能说刘备为了抱住这个能改变天下格局的大人物的大腿，非常豁得出去。所以刘备才能从一个卖草鞋的，一路抱了很多人的大腿，最后建立了蜀汉政权。

所以说，抱大腿也是一种能力，它需要你克服脆弱的玻璃心，放下浅薄的自尊心，将生命中的贵人死死抱住，也许就能抓住跃升的机会，去往更大更好的平台。

当然了，我也没有让大家看见一个比自己强的人就抱上去，这是非常草率的。毕竟优秀的人那么多，你不吃不喝也抱不过来啊。所以抱大腿的首要原则是挑一个合适的大腿。什么样的大腿才是好腿呢？比如，他能在你想从事的行业领域里给予你帮助。所以挑选的时候要精挑细选，不能广撒网。挑选之后，你可以利用"相悦定律"来博得大神的关注。我们总是更喜欢与喜欢自己的人交往。也就是说，想让大神喜欢你，你得先表现出对大神的喜欢。当然了，大神总是万人追捧，这时候你除了表现出对他们的尊重、认可和敬佩，还要按照"新引力法则"的要求，表现出和大神相近的特质，以求和大神三观相近、爱好雷同。如果你做到了这两点，就更容易获得大神的青睐。

抱大腿的第二个原则就是心态，要做好遇冷的准备，而一旦抱上，也不能狂妄自大。好的大腿人人都想抱，竞争很激烈，大佬瞧不上你也是自然。但这不代表你就要伏低做小，弯下腰杆去一味讨好。我们都知道大佬们时间成本高，一般不会理小喽啰，这时候你的态度很重要。大佬们都很精明，肯让你抱大腿，一定是看中了你的能力。狐假虎威可成就一时，但其中因欺骗而隐藏的风险可是你承受不起的，所以要恰到好处、真实坦然、不卑不亢地抱上去，才能抱得长久。

北宋时有个神童叫蔡伯俙，四岁就中了进士，成了太子赵祯的伴读。因为年龄相仿，太子和蔡伯俙关系很密切。蔡伯俙人小鬼大，经常给太子代写作业，帮太子溜出宫外，很能讨太子欢心。相比之下，另一位伴读晏殊则严肃得多，总是苦口婆心地劝太子用功，而且不包庇，惹得太子生厌。太子13岁即位，24岁亲政，蔡伯俙本以为能得到重用，结果却被任命了一个闲差，而晏殊却做了宰相。蔡伯俙很是不解。原来在赵祯看来，蔡伯俙一味迎合，有才无德，难当大任，而执掌天下需要晏殊这样德才兼备的人来辅佐。

足以见得，有才华是抱大腿的基本条件，除了才华，态度也很重要，一味谄媚逢迎，很难得到真正的赏识。毕竟官场、职场甚至情场，都不缺有才华的人，缺的是有才华还有态度的人。当然了，这个态度指的是不卑不亢，不仅仅是不卑，还要有不亢，否则很可能自毁前程。

举个例子，孙宏斌最初投在柳传志门下。柳传志也很欣赏这个年轻人，重点培养，后来把国内市场的任务都托付给了他。可后来孙宏斌的野心迅速膨胀，在集团内部搞帮会行为，让柳传志颇为气愤。最后孙宏斌因为挪用公款被判入狱五年。出狱之后，孙宏斌再次来到柳传志面前。可能对昔日爱将动了恻隐之心，柳传志给了孙宏斌50万，助他东山再起。这说明柳传志是个爱才惜才之人，因此才肯再次让孙宏斌抱上自己的大腿。但也说明，如果孙宏斌的态度没有转变，没有求得柳传志的原谅，也就没有了后来的故事。

有效奋斗

抱大腿的第三个原则就是快速进阶。虽然我希望你能抱大腿抱得久一点，但是大佬不见得乐意让你一直抱下去。可能一开始，大佬们觉得你是可造之才，日后没准儿联手跑个接力赛什么的，结果你一直成长不起来，别说接力赛了，百米赛的时候大佬因为拖着你都跑不快。你说这时候他是不是得狠狠心甩了你这个拖油瓶？所以你要一边抱着大腿，一边飞速成长，争取在等级上和他拉近。

比如历史上著名的抗倭名将戚继光，在黑暗的大明王朝，他的戚家军薪资不仅高，而且从未被拖欠，戚继光也很少被参，这在当时非常少见。要知道，戚继光是子承父业，但他父亲非常清廉，除了一个官位，什么都没留给他。戚继光刚刚上任，毫无依仗，连赴任的路费都凑不齐，到后来练兵打仗，成为一代名将，除了他自己在军事上的天赋，很重要的原因就是他抱了一个人的大腿——首辅张居正。张居正对戚继光是欣赏加惺惺相惜，只需戚继光在蓟州管理好军事，其他一切事宜，都由自己来处理。比如张居正给戚继光刨了一个新的官职，但是其他人不同意，那就把蓟州其他高级将领调走，让戚继光有绝对领导权。当然，戚继光也没有一直躲在张居正的羽翼之下，他接待各地来使，也是宴席不断，临走时还有几大车礼物相赠，人人都夸戚总兵懂政治、会办事。他也受贿，但没在自己身上花半分，抗倭御蒙修长城，样样做得出色，最终成了一代名将，所以张居正才能力保他直至辞世。

罗永浩说，成功的企业家不是因为碰到了知己型的投资大佬所以获得了成功，而是因为成功，才和投资大佬成了知己。这和我们常说的"礼尚往来"是一个意思。我们都听过"没有永远的朋友，只有永远的利益"，人际交往也讲究一个"守恒"，付出不能是单向的。互惠定律要我们做到你来我往，能回馈给对方一定利益，这样你们的关系才能更加长久。

总之，我们抱大腿也要抱得有礼有节，要做到依靠而不是依附，能把别人的资源和长处为你所用，同时发展自己的能力。希望有一天，也会有人找上门来，点名要抱你的大腿。

5. 打造个人品牌，让自己立于不败之地

什么是品牌？

关于品牌的定义，网上有诸多解释，其中最简短的一条是：品牌是指消费者对产品及产品系列的认知程度。它是一家企业软实力的象征，是企业最具价值的无形资产。企业一旦成功树立起自己的品牌，消费者对该品牌的忠诚度就会大大提升，进而增加消费者重复购买的数量和质量，让消费者保持对特定品牌的持续偏好。

正如提到手机，人们首先想到的就是苹果、小米、华为；提到快餐，人们首先想到的是肯德基、麦当劳；提到凉茶，人们首先想到的则是王老吉、加多宝。人们之所以对这些品牌做到脱口而出，就是因为它们已经从单纯的"品牌名称"变成了真正的"品牌"。而形成品牌给企业带来的好处之一就是拥有非常强的市场竞争力，以上提到的这些品牌都在各自领域占有非常大的市场份额。

品牌价值不限于此。可口可乐公司的总裁曾经说过："即使大火一夜之间烧掉了我所有的有形资产，只要可口可乐的牌子还在，第二天我就可以从银行贷到足够的钱重新建立可口可乐的生产线。"我认为这就是打造品牌的最终意义，即能让企业始终在市场上立于不败之地。

个人品牌是企业品牌概念的延伸，它所指代的主体不再是产

第五讲　有效奋斗，走上成功之路

品，而是"人"，也就是把人当作一个品牌。一般来说，个人品牌的价值体现在有形价值和无形价值两个方面，有形价值体现为一个人的商业价值、薪酬等；无形价值体现在一个人的影响力、号召力等方面。

形成个人品牌的目的是为了能让人像产品一样，通过思维、社交、人脉等方面的提升（可以简单理解为留给他人的既定印象），满足大众消费心理或者社会的"产品需求"，令其能被社会广泛认可和接受，最终达到以更高价格把自己推销出去的目的。

同样一件材质的衣服，普通品牌和知名品牌的价格能差出四倍到40倍，这就是品牌的力量；同样一件商品，路人甲去卖很可能无人问津，而李佳琦去卖则能瞬间销售一空，这就是个人品牌的力量。

同理，为什么企业会花几千万甚至上亿请名人来代言？也是因为名人已经形成了自己非常强大的个人品牌。迈克尔·乔丹——史上最伟大的篮球运动员，卓别林——喜剧之王，麦当娜——全球最有影响力的女歌手之一。光这些头衔，就足够让企业斥巨资将他们请来，因为他们的个人品牌已经十分成熟，消费者对这些名人的认可程度，会给企业带来远超代言成本的丰厚收益。

对于打造个人品牌的重要性，美国管理学者汤姆·彼得斯曾经说过："我们每个人都是'自己'这家公司的首席执行官。在今天的商业社会里，我们最重要的工作就是打造那个叫作'你'的品牌。"

这句话可以简单理解为，一个人的个人品牌越响，他的价值越高。对于普通人来说，价值越高意味着能被更多人记住、能获得更多人的赏识、能得到更多机会。最后归结于一句话，能赚到更多钱，更有机会实现阶层跨越。

如何打造个人品牌，有几个方法想要分享，不一定适用于每一个人，但是适用于大多数普通人。

第一点，找准定位，即认识你自己。人类哲学史上最著名的三问："我是谁？我从哪里来？我要到哪里去？"这些是在打造个人品牌之前首先要思考的问题。认识自己，即先对自己进行客观的评价，从生理特点到心理特点对自己进行逐一分析。很多时候，选择往往比努力更加重要，问问自己："我对什么感兴趣？""我擅长什么？""市场的需求是什么？""在同一行业，我跟别人比有什么优势？"通常，前期对个人定位越清晰，后期树立的个人品牌也会更清晰。

寻找定位过程当中，"个人特色"是重中之重。所谓特色，就是区别于别人并且被社会认可和接受的独特品质，也就是一提到某个词，人们第一个想到的就是你。另外，特色必须要有持续性和一致性。个人特色越"浓"，个人品牌就会越清晰，进而越能在一众人等中脱颖而出，大大提高获得成功的概率。

papi酱最初给自己的定位就是一名"集美貌与才华于一身"的段子手。凭借着美貌与才华，外加张扬的个性、辛辣的吐槽，以及加入变音器这"五大特点"，成功地从一众段子手当中脱颖而出。她以一条广告2000万的拍卖价格，成为商业价值最大的网红段子手。而且值得注意的是，她的每支视频都会以"我是papi酱，一个集美貌与才华于一身的女子"做结尾，可以说papi酱完全可以当作寻找定位的标杆。

百度前副总裁李靖，江湖人称"李叫兽"，以写商业分析文见长，在创立公司，研发出一系列营销工具和方法论之后，最终被百度宣布全资收购。李靖因此成为百度最年轻的副总裁。而李靖之所以能成为我国最著名的营销顾问之一，可以说就是因为他在前期找准了定位，以商业分析文为重心，在该领域精益求精，最终成为举足轻重的专家，这才有了后面傲视群雄的资本。

因此，想要创立个人品牌，首先要找准个人定位，打造出属于自己独一无二的标签，让人对你过目不忘。

第二点，具备形象管理意识。卡耐基曾经说过："一个人的成功，只有15%是依靠技术，而85%却要靠人际交往、有效说话、富有爱心、软科学本领以及优秀的品质。"而形象沟通当中的55387定律又将人的外在形象放在首位，认为决定一个人的第一印象的要素，55%在于外表、穿着、打扮，38%在于言谈举止，只有7%在于谈话的内容。

外在形象对个人品牌建立的重要性无须多谈，举几个例子便知。小米创始人雷军当年曾拒绝过上门找投资的马云，一方面原因是雷军"只投熟人"的投资原则，而另一方面的原因，则是因为马云的个人形象。据说，雷军在看到马云的时候，只觉得他这个人身材矮小、长相奇特、说话夸大，特别像搞传销的，因此才拒绝了他。很多人觉得这条理由很扯，认为像雷军这种大佬级别的人物，不太可能做出以貌取人这么肤浅的事，但是事实证明，不管是普通企业还是大型集团，对形象的重视程度都远超常人想象。

《你的形象价值百万》一书的作者就提出了"形象比学历、资历更重要"的观点，表示大多数人之所以没能成功，是因为他们看起来就不像是成功者。她举例，美国著名形象设计师莫利曾对美国《财富》榜单排名前300的公司的100名CEO做过调查，结果显示，97%的人认为懂得装饰外表的人会拥有更多升迁机会；93%的人会因为面试人着装不合适而拒绝录用；92%的人会挑选懂得着装的人做自己的助手。美国得克萨斯州立大学奥斯汀分校也曾经对2500名律师做过调查，最后发现个人形象能直接影响收入，形象好的律师收入要比形象一般的律师多14%。

当然，形象不仅指简单的穿衣打扮，还指一个人的综合素质，包括言行举止、生活方式、知识层次等多个方面。不管指什么，个人形象是打造个人品牌的前提条件，从穿衣到气质都需要在日常当中好好磨炼一番。这就需要你平时多加注意，刻意练习，向周围的成功人士学习。必要时，可以花钱去学习专门的个人形象管理课程，或者请专门的个人形象设计师为你量身打造一套形象管理方案。形象到位，才能拥有更多成功的机会。

第三点，实力是打造个人品牌的决胜条件。很多人觉得自己无法成功是因为"怀才不遇"或者"时运不济"，但实际上，更多的是因为这些人本身实力极其有限，所谓"金玉其外，败絮其中"便是此理。

个人品牌的塑造需要靠实力,也就是专业能力来维系。没有实力,只靠人设建立起来的所谓个人品牌,不过是水中月、镜中花,全是虚幻而又不堪一击。而连人设都没有,只靠颜值撑起来的"个人品牌",在化妆术和整容术双重夹击下,显得没有任何价值和竞争力。

真正有实力的明星,或者我们更愿意称他们为艺术家,他们建立起来的个人品牌是无法轻易被推翻的,而且他们个人品牌的有效周期远比一般明星要长很多,有时候甚至超过他们本身的生命周期。就比如迈克尔·杰克逊、张国荣、梅兰芳,即便已经去世多年,但他们对现代人的影响力依旧是存在的。这就是实力造就的个人品牌的力量。

对于普通人来说,实力对塑造个人品牌的最重要的作用就是赢得对方的信任。外在形象只是一块敲门砖,真正想要获得成功,还是要靠实力取胜。实力的提高是建立在找准定位的基础上的,找准定位,然后针对选择的行业或者领域进行刻意练习,通过刻意练习快速成为该领域的专业人士。

第四点,打造属于自己的人脉圈子,是把个人品牌推销出去的重要助力。在这个信息爆炸、人才辈出的时代,再牛的工匠也怕无人知晓,酒香也怕巷子深。品牌是要靠口口相传才能逐步建立起来的,所以同实力相比,人脉圈对于打造个人品牌来说是同等重要的。想要快速达到让别人知道你、了解你甚至信任你,光凭个人实力是不够的,还需要借助人脉的力量。

美国哈佛大学商学院曾经对多名成功人士做过调查，调查结果显示，真正靠自己个人实力取得成功的人只占26%，靠家庭背景取得成功的占5%，而剩下69%的人都是靠人际关系取得成功的。正如上文提到的马云，很多人都认为他是白手起家，凭一己之力缔造了一个商业帝国，但是实际情况是，马云的成功离不开人脉相助，其中最重要的两个人物就是蔡崇信和孙正义。除了他们两个人之外，还有一位在阿里巴巴成立之初就给马云提供资金支持的人——原高盛亚洲区域的私募主管林夏如。而她之所以投资马云，很大一部分原因是蔡崇信在旁边牵线搭桥。可以说，正是因为蔡崇信，马云才有机会把自己推销出去。

对一般人来讲，经营个人的人脉圈子，打造出一个良好的口碑，意味着能自动获得第三方的相对信任，在学习、生活或工作当中就能拥有更多机会。当然，建立人脉圈子是一个长期的过程，建立人脉的本质就是互相利用，所以提高自己"被利用"的价值，外加主动长期维持关系是打造人脉圈的重点。

人人都有将自己打造成为"品牌"的潜力，而作为个体，每个人又天生具有差异性，所以想要打造出属于自己的个人品牌还需要"因地制宜，因人而异"，找到适合自己的方法。个人品牌一旦建立成功，就会拥有立于"不败之地"的力量，这种力量是让人获得成功、实现阶层跨越的真正力量。

6.To B 经济时代来临，财富自由很简单

当了十几年咨询师兼人生导师，有一个现象让我印象深刻：过去的毕业季我们听到的是解脱的声音，现在传来的则是遍地哀号。原因很简单：求职难，难于上青天，东奔西跑一身汗，以手抚膺坐长叹。

或许正是因为这种"毕业即失业""创业即破产"的局面日益严峻，近年来我接的"创业""职场"单子越来越多，遥想当年一个月做了上百个情感咨询，不禁感叹："现代人为了能更好地生活，已经基本放弃感情生活了。"第二次世界大战后的美国青年"make love, not war"，今天的中国青年则是"赚钱""赚钱""赚钱"，既然如此，那我就教教大家怎样才能更好地"赚钱"。

在此之前我想讲一个故事。美国有一个国际性的大都市旧金山，在19世纪30年代，它又偏又穷，整个地界只住了800多人，一半是娶不到媳妇的人，另一半是结婚又离婚的人。这么个鸟不拉屎的地方，后来是如何成为全球数一数二的大都市呢？答：出于巧合。赫拉利在《人类简史》中说，看似伟大的历史事件，起因可能完全只是出于一个微不足道的误会。旧金山崛起的原因就很随机，用东北话说，"就跟闹着玩似的"。

有一个瑞士探险家叫苏特尔，他突发奇想就去了旧金山拓荒。

某天，他手底下的一个员工在建造锯木厂时，在推动水车的水流里看到了一些黄黄的东西，他的第一反应是："谁这么没有公德心，随地大小便？"可后来他定睛一看，觉得事情没这么简单，等他把那坨黄黄的东西捞上来再看，发现果真不简单。他激动地叫出了声："Oh, my God."不过他捞上来的不是"God"而是"Gold"。

第二天一早，半个美国都知道了那个地方有黄金，天下英雄云集响应，淘金热兴起。连续几年时间，旧金山这个地方是你方唱罢我登场，过往人群忙得不亦乐乎。按照俗套的剧情，淘金热散去后，美国会凭空多出几万个百万富翁。可上帝一直就是一个不走寻常路的编剧，这一次他和所有淘金者开起了玩笑，让99%的人血本无归。俗语说"潮退了才知道谁在裸泳"，淘金大潮退却后，淘金者蓦然回首，发觉自己一直是在裸奔，毫无收获。

不过在惨淡的大局之下，还是有人暗中欢喜的，那就是卖铲子给淘金者的人。除了卖铲子的人，还有一类人也发了大财，那就是卖牛仔裤的人。当年的牛仔裤不是年轻人的标配，而是工人阶级的最爱，因为它材质特殊，十分耐磨。借着淘金的东风割了一波韭菜的人叫维斯，多年后他的牛仔裤品牌火爆全球，名唤"真维斯"。

淘金的人凉了，卖铲子和卖牛仔裤的人却热得发烫，这能说明一个很直接的道理：To B的生意更好做。大家对于To B性质的工作一直有偏见，这我是知道的，理由很简单：To B面向的是企业客户，为企业提供产品或服务，服务的群体是老板、领导以及业务负责人，毕竟这类工作就是服务行业，是帮助客户的工具，还经常受到客户

第五讲　有效奋斗，走上成功之路

的刁难，对方功成名就之后就把你丢到一旁，简直是"飞鸟尽，良弓藏"的典型写照。

最典型的例子就是在下，做咨询师的这些年，我捧红的企业家不计其数，可尽管在业内小有名气，但没什么人叫我老板，大家都叫我老师。何谓老师，传道授业解惑是也，在我的传道下，他们的惑解了。不过当过老师的人都知道，这是为人师长最大的幸福。

那我的收获是什么呢？答：尊重+成就感+几亿身家。在帮助太多人实现王健林先生口中的小目标之后，不知不觉中，我也顺便实现了几个小目标。这就是To B带来的切实好处，类似的例子还有很多。

近年来虚拟货币大火，可明眼人都知道，这不过是大V们精心炮制的割韭菜的镰刀，极少数人赚了韭菜的钱，韭菜一边亏钱一边满心期待着自己能够赚钱，直到宝马变宝骏（电动车），别墅变板房。

那稳赚不赔的人是谁呢？是那些在新时代卖铲子的人。挖比特币在今天已经演变成新的一轮淘金热。最开始我们挖矿的工具是电脑；后来有人发现显卡速度更快，于是单车变成电动车，造成了显卡的供不应求；随着挖比特币的难度逐渐提高，挖矿芯片应运而生，电动车变摩托；最后就是现在我们所熟知的挖矿机器，直接由行驶变成起飞。随着挖矿的势头日渐火爆，深圳华强北又一次凭借大量生产的矿机屹立于世界中央。

类似"淘金不如卖铲子"的例子还有很多，比如开创公务员考试培训先河的中公教育，近年来参加公务员考试的大学生越来越多，最后能成功的寥寥无几。而做公务员考试培训生意的中公教育在2019年2月已经借壳登录A股。那些失败的故事与它无关，人家关注的是股价能翻几番。

数据提供商和交易所是另一个靠To B发家的典型，它们服务的是那些金融企业，2008年的金融危机至少带走了一半的金融公司，而为他们服务的公司却依旧"幸福得像花儿一样"。

话说到这里，我想我的观点已经表达得很明确了。To B的生意不显山不露水，风险低，收益高，属于闷声发大财的典型。所以，如果你重实效而轻虚名，不妨去试水一下To B的生意，说不定就能to be number one。

7. 给你一个杠杆，你也能撬动财富

我跟我的一个学员说，有人能用一个曲别针换一套别墅，厉不厉害？学员回我："哦，你是说那个26岁的加拿大小伙利用互联网物品交易网站，历时两年，经过十几次交换，用一枚曲别针最后换得了一套房子的故事吗？"我有点不开心，体会到了什么叫教会徒弟饿死师父。于是告诉他可以出师了，咱们江湖再见。他死活不肯，还说这故事虽然厉害，但是他无法参透本质，一直以来都是当童话故事听的，希望我可以给他指出其中要害。

还别说，安徒生的童话故事里真有一个和"别针换别墅"对应的故事，讲的是一个老头儿牵着一匹骏马去赶集，想买东西却发现没带钱，那就物物交换吧，货币发明之前，古人都是这么干的。于是他运用先人的智慧，先用骏马换了黄牛，又用黄牛换了大白鹅，再用白鹅换了母鸡，最后用母鸡换了一篮子烂苹果。这和我上文说的别针变别墅，性质相同，走向相反。

这种现象怎么解释？用古典经济学里的劳动价值理论说不通，凯恩斯主义的有效需求理论也解释不了。因为放在任何市场，别针和别墅，骏马和烂苹果的价值都天差地别啊。不然，你以为我家里没有别针和烂苹果吗？但是呢，这种情况真的发生了，现实童话啊，这其中就涉及一个很高大上又很通俗易懂的理论——杠杆原理。

什么叫杠杆？阿基米德曾说过一句厉害的名言："给我一个支点，我能撬动整个地球。""杠杆"就在这句话里匿名出镜了。阿基米德想撬动地球，光有支点可不行，还得有一根长长的杠杆。而杠杆的本质是什么呢，是以小博大。那个加拿大小伙子就用一枚小小的别针，博到了一幢大大的别墅，可以说把杠杆原理运用得炉火纯青。童话里的老爷子，则坐到了杠杆的另一头，让别人用手里的小物件，一次次换走了他手里的大物件。

其实，这里边还暗藏了另一个原理，叫登门槛效应，指的是步步为营、借力使力，"得寸"之后才能"进尺"。《战国策》中的冯谖，本是孟尝君的门客，先要吃鱼，后要坐车，最后还要把老母亲接来安顿，而孟尝君居然一步步都接受了，这就是登门槛效应在发挥作用。冯谖没有一步到位，而是由低到高提出要求，这样对方易于接受，才能逐步达成自己的目标。

所以，这个世界有两种人会生活得很好，第一种就是像加拿大那个小伙子，在众目睽睽之下，一次次用手中仅有的资本，博取对方手里价值更大的东西，从而让自己的利益最大化，有胆识、有想法、有执行力。第二种人，就是虽然不懂什么以小博大，而是牢牢守住自己的资产，以免得不偿失。

来说说杠杆在生活中有什么用处。比如金融领域里的杠杆，就是用少量的资金配备大量负债，带动大额投资，撬动宏大资产。资本市场里的玩家都爱玩这套，生猛刺激、回报还高。总之，杠杆和我们的生活息息相关，包括现在整个经济环境，说它资产泡沫也好，

第五讲 有效奋斗，走上成功之路

房价居高不下也好，都是杠杆躲在暗中发力，你只是看不到而已。

有人说不是很懂这些云山雾罩的大环境，这和小人物有什么关系？听过"杠杆人生"这个词吧，意思就是我们的生活到处都是杠杆。如果人生是场以小博大的过程，那么我们常说的人生逆袭、一夜暴富、功成名就都是杠杆在发挥作用。所以，普通人想实现阶层跨越，杠杆是一条相对快捷的路。而且越年轻，杠杆越长，撬力越大。不然你想，如果一个20岁的人和一个70岁的人同时向你借钱买房，你会借给谁？当然是20岁的年轻人，因为他的偿还能力更强。再比如，很多年轻人一毕业就往一线城市跑，为什么？那里房租又贵、地铁又挤，大家都是傻子吗？还是因为大城市支点多啊，没准找一个合适的支点，比如高薪的工作、创业的机会，再加上自己这一点才华杠杆，就有可能一撬升天，实现阶层的大跨越。在大城市以小博大的成功率当然比留在老家要大得多。就算不能一步登天，但可以利用登门槛效应，找准时机跳槽，薪水也能越跳越高。

可以说，大家都是杠杆玩家，每个人都跟孙悟空似的，手里有根棍。可有些人格局小、目光短浅，做起事来畏首畏尾，真把老天给他的棍子去搅咖啡了。而顶级的杠杆玩家可以空手套白狼，用微乎其微的投入，加上天量的杠杆，最后博得惊人的暴利。这种玩法基本可以让人从底层一跃而起，跻身上层社会。但是，也不是人人都有资格这么玩的，这种顶级的玩法需要时代、大环境以及个人的把控能力，稍有不慎就把杠杆玩折了，所以你说你不玩这种杠杆也可以理解。但是有些以小博大的机会我还是鼓励你去尝试的，比如那个换别墅的小伙子，每一次交换，都能保证换回来的东西价值高于自己手里的东西，咱们普通人就应该尽量选择这种稳妥的杠杆玩法。但杠杆的世界里也讲究规则，不然很容易学那个老爷子玩砸了。玩好杠杆，规则有三：

首先，要确定杠杆两端的事物实力相当，不要总妄想四两拨千斤。太极宗师罗基宏先生说了：要想四两拨千斤，须先练就千斤力。加拿大小伙子虽然换到了别墅，但是交换的最后一环他用的是某知名演员新片中的一个角色，这是无数逐梦演艺圈的人梦寐以求的机会。人家也没不知死活地直接拿着别针去换别墅，这就是精准地利用了"登门槛"效应，逐步达成换别墅的目标，因为他明白直接用别针换别墅是天方夜谭。四两拨千斤和买彩票中千万大奖一样，失败率很高。我们想让杠杆原理变得简单易操作，就要确保双方实力在一个量级上，在等量级的基础上以小博大。所以，一飞升天的美梦可以做，就是照进现实的概率比较小。我建议大家一步一步来，毕竟一口吃不成胖子，阶层也需要一步步跨。

举个例子，股神巴菲特的一顿午餐价值几百万美元，堪称天价，但仍有无数的企业家前赴后继。因为在他们眼里，这是一个以小博大的好机会。比如段永平，他在和巴菲特吃饭的时候提到了一只股票，巴菲特说了一句"还不错"，然后段永平就在这只股票上赚回了好几顿饭钱。为什么普通人不能得到巴菲特的指点呢？因为普通人没有和巴菲特坐上同一张饭桌的机会。而那些付得起饭费的企业家虽然和巴菲特还有差距，但是眼光和资产已经超过很多人，他

第五讲　有效奋斗，走上成功之路

们和巴菲特就像是杠杆的两端，实力相近，通过股神指点，顺利实现以小博大。所以，以小博大也要量力而行。想坐在巴菲特身边，必须付得起那顿饭钱。

不仅仅是商场，情场也是如此。前不久我的一个学员跟我诉苦，说她和男友交往多年，却依然没有得到男方家庭的同意。我一细问，发现是双方家庭差距过大，这就不难理解男方父母的态度了。如果说婚姻是个杠杆，那么这位学员的实力和对方的差距较大，一旦结合，她将通过婚姻杠杆获得对方的各种资源，而对方则有可能陷入"扶贫式婚姻"，除了情感，毫无益处。所以抛开情感因素客观来说，除非家贫的一方，在事业方面展现出可观的潜力，否则对方家庭很难接受这种实力不对等的结合。纵观各国历史，"门当户对"的婚姻从来都是社会的主流，因为彼此的实力接近，能获取的资源也对等，婚姻才更加容易成功。王子和灰姑娘、总裁和杉菜的故事，听听就好，如果不是因为太过离奇，又怎么被写成故事呢？

再者说，家贫一方即便真的通过婚姻杠杆实现阶层飞越了，双方的家庭地位还是很难保证是平等的，因为强势一方的出轨和离婚成本相对更低。所以在婚恋方面，我也鼓励旗鼓相当地以小博大，这样能保证最大的成功率，即使失败了，也不会元气大伤。

第二个原则就是尽量换取对方的闲置资源。简单来说，就是懂得审时度势，在对方资源不繁忙的情况下出手，这样你不需很用力，就能轻松获取收益。一般想跨越阶层的人，拿到的牌面并不好看，手里的资源也很有限，想借对方的力青云直上，就要找最容易的地方下手。对方不是慈善家，资源繁忙的情况下肯定是价高者得，这样自然没你什么事儿，好比搞拍卖，你要拍人家的热门竞品，不是被竞争者拿钱压死，就是用超出预算的本钱拍下，得不偿失，不如拍一件冷门但对你有用的东西，没什么竞争者，人家也不会狮子大开口，这样就是换取对方的闲置资源，杠杆借力的成功率才会高一些。

举个例子，你有一个好的项目，但是没钱，你需要100万的启动资金。这时候你希望通过项目换取风投或者银行的贷款，但是过程可能很不顺利，因为"钱"对他们来说，就是繁忙资源，而且他们的资源是公开的，所以很多人跟你抢，你不一定抢得到。这时候，如果你有一个朋友，他有闲钱500万，不想躺在银行被通货膨胀吃掉，于是想找一个投资项目，这时候如果你能拿出不错的商业回报计划，他就很有可能给你投资。抛开朋友这层关系，他肯投资的关键因素就在于他的钱不是繁忙资源，你的项目计划可以换取他的资金。

再比如说，一个学员代理了一款按摩产品，他想用杠杆借力，和药店、超市合作铺货，但是多次洽谈都未果，就算他自己垫款铺货，再给对方高额分成，对方都百般推脱。这是为什么呢？因为药店和超市，是很多药企和大牌厂家的重要产品终端，很多产品挤破头争那几个席位，这就是对方的繁忙资源，按摩产品的利润又高不过药品，自然就被嫌弃。最后这个学员怎么做的呢？他去找了老年活动中心，为他们提供健康咨询和按摩产品免费试用，销路一下子打开了。

所以杠杆借力这个东西,知道得多,会用的人少,原因之一就是人们总是习惯盯着人家的繁忙资源。这种借力,既会让你付出高成本,也无法给对方创造高收益。

第三个原则就是合作中要少拿一点收益。没错,明明你是交易中弱势一方,期待从合作中积累人脉、金钱,以便朝着更好阶层跨越,我却教你少拿一点。莫急,知道什么叫以退为进吗?知道什么叫放长线钓大鱼吗?你不知道。我是教你少拿一点,但重点是拿久一点。很多年轻人,尤其是底层的年轻人,只看得到眼下的利益和一时得失,而真正的成功人士是有大格局的。尤其是当你和比你层级高的人合作,要懂得让利,他们比你站得高,看得远,甚至知道你心里的小九九,所以想占人家便宜很难行得通,索性就满足对方,自己才能有长久的收益,这样的长久合作可胜过一锤子买卖。而且有利于你积累良好的口碑、声誉,这些都是实现阶层跨越的垫脚石。

再举个例子,美国第九任总统威廉·亨利·哈里逊有这样一件趣事,他小时候被人视作智力有问题,因为有人把五分硬币和一角硬币让他选,他总是选那个五分的,引起大家哄笑。长此以往,一个老妇人看不下去了,问他难道不知道一角的比五分的更值钱吗?他说,当然知道啊,只是我选了一角的,以后就没人给我钱了啊。这种思维就是典型的杠杆思维,对方不过想看一个拙劣的表演,那就演给他们看,自己还能获得好处。如果贪图一次的大收益,则会断了之后的财路。

有效奋斗

总之，杠杆玩好了，普通人也有机会搏一个大好前程。但如果你真的玩不转老天给你的这根棍儿，那么拿它搅咖啡也不是不行。人生本来就胜负难料，这杠杆加不加、用不用是你的个人选择，我只希望你暮年回首，细数人生中的诸多选择，没有含恨说出"本可以"，而是感叹自己当机立断、抓住机遇，实现了心中的理想。

8. 冒险不是赌博，而是负责任的精进

人们对成功的向往，像是一种与生俱来的原始冲动，但是关于成功，迄今为止都没有一个确定的衡量标准。在大多数人眼中，成功就等同于有钱有势、名利双收。听起来很俗，但生在人世间，众生皆凡人，谁都免不了落入俗套。仔细想想，被公众冠以"成功人士"头衔的人，有几个不是家财万贯、结交甚广？这样的生活谁不羡慕呢？

因为向往，所以追逐，而想要打破阶层壁垒，收获成功，实现阶层跨越，实在困难。联姻、读书、投资是实现阶层跨越的三种主要途径。能自己熟练运用前两种方法的人，想必已经是成功人士。所以，更多的人还是冲着"投资致富"来的，而在投资领域，稳中求胜，已经是过去式。富贵险中求，逐渐成为主流。

苏黎世投机定律第一条，就是论冒险，这条定律总结起来就是一句话：除非你"家里有矿、矿里有家"，否则你能摆脱贫困的唯一方法，就是去冒险。

苏黎世投机定律是瑞士证券和期货投机俱乐部里一群对金钱爱得深沉的人发现的，他们提出工作、养猪和种树都不是致富之路，只有敢于冒险，才能实现高产。想要变成有钱人，冒险精神尤为重要。美国石油大王洛克菲勒的财富定律中也提到，任何人都能拥有财富，除了贪图安逸的享乐主义者和不敢冒险的保守主义者。

有效奋斗

冒险和赌博这两个词，因为"人必须要有冒险精神""人生本就是一场豪赌"这种类似鸡汤的话，让不少智商本来就徘徊在及格线上的人都混淆了，认为冒险就是赌博。

但是二者实际并不能画上等号。所谓冒险，就是你事前已经预知到了做这件事会存在风险，但就算结果不尽如人意甚至是失败了，你也完全能够承担一切后果。换言之，冒险是建立在理性之上的，不是拿手里的资本去做动辄血本无归的极限运动，而是让你抓住一切潜在的机会。

一个来自小县城的大学应届毕业生，毕业后毅然决然地留在北上广深等一线城市，没关系、没背景、没朋友，除了青春、无可寄托的热血和无处安放的理想外一无所有。在未转正的实习期，连住处和果腹于他而言都是一种挑战。艰苦的条件帮他实现了小时候的梦想——顿顿吃泡面。为了增加饱腹感，每次他都会把汤喝得一干二净。

这是一种冒险吗？当然是，和无数留在北上广深的年轻人一样，他的梦想有80%的可能被虚掷。他很可能无法做到"尝遍冷暖，赤诚之心不变"，在被生活蹂躏几年，亲自把青春喂狗之后，他会接受家里的安排，回到故乡做一名公务员或教师，从此余生不吵，岁月静好。可他同样有20%的机会在京沪之地站稳脚跟，在此开枝散叶，成为成功人士。

最关键的是，留在大城市的代价，是在他的承受范围之内的。我们常说年轻是最值钱的，可大部分年轻人的青春，不是在故乡浪费，就是在他乡浪费，根本无法变现。所以这是一次有输有赢的冒险，赢了，请叫他王总，地下车库见；输了，请叫他王哥，电瓶车大军中见。

而何谓赌博？简单来说，赌博就是你知道做这件事存在风险，也知道本人无力承担事情失败的后果，但你还要去做。显而易见，这是一种"自杀"行为。

传销是新时代的赌博行为，人人唾弃之，可实际上主动投身传销怀抱者也不在少数。郁郁不得志的小老板、被婆婆刁难老公冷落的家庭主妇、不甘挣扎于底层的大学生……并非所有陷入传销窝点的人都是无辜的受害者。有些人深明传销的本质，并非对其危害浑然不觉，他们只是觉得自己与其一步步地向前挪，不如把步子迈得大一点，争取一步登天。传销是违法行为，代价当然非普通人所能承受，因而是赤裸裸的赌博行为，参与者有着浓厚的侥幸心理，本质上是以明天的自由换取今天的财富。

再说直白一点，冒险有输有赢，但无论输赢都能够让我们得到成长，而赌博只有输，没有赢。因为凯利公式证明，概率是不可战胜的。除非你拥有超强的物理知识、数学知识，再加上逆天的运气，否则不论是哪种形式的赌博，赌徒的胜率永远是0。

有投资经验的股民投资股市，资深房虫买卖房产，有金融背景的人购买金融产品，都属于"冒险"而非"赌博"，因为他们这些冒险行为的风险都是可控的。而某些对股市一窍不通的人，莫名其妙地充满智商优越感，以为可以凭借聪明才智玩转股市，于是跟风炒股，赌上了全部身家，结果在熊市买进，即将抄底时抛出，连底裤都赔掉。

想要确保自己是冒险而非赌博,要遵循苏黎世投机冒险定律里的两个次要定律:一是始终要下有意义的赌注;二是避免过分分散风险。

始终要下有意义的赌注,即只下负担得起的赌注。如果你只是个普通人,卖了家中祖产,借遍亲朋好友,然后靠一腔热血杀进自己毫不了解的金融领域或者互联网行业,这种孤注一掷的赌博行为,结果往往不是成功,而是成仁。当然,赌注也不能过小,过小的赌注对摆脱贫困于事无补,把赌注定在你能承受损失的最大值即可。

避免过分分散风险。"不要把鸡蛋放在同一个篮子里"这话想必大部分人都听过,并且深以为然。分散风险完全没有问题,但过犹不及,风险过于分散可能导致收益和损失互相抵消,甚至可能亏损大于收益。比如你入股美容院赚了20万元,投资股市亏了15万元,合资开饭店又亏了10万元,你的资金去向很多,风险足够分散,有盈有亏,但是一年到头,却亏损5万元,一腔精力全部喂狗。对此,美国著名敲钟圣地——华尔街里有些人说过,与其把蛋放在不同篮子里,不如放在同一个篮子里,然后守护好这只篮子,前提是遵守第一条次要定律。

所有投资都是投机,不愿意冒险,就永远不会有希望。没有人能够不劳而获,少劳多得,只有去冒险,才能最快摆脱贫困,实现阶层跨越。而需要强调的是,冒险绝对不等同于赌博,赌博全凭运气,而冒险需要的是勇气、经验和智慧,是一种负责任的精进。经验需要你在亲身实践中总结,智慧需要你去学习品鉴各种主义和原理才能获得。至于效果如何,只能说各凭本事了。

9. 开启斜杠人生：无边界，更精彩

说到斜杠青年，我刚好是其中一名，而且身后的斜杠还不止一个，粗略一数还要数上半天。但只说一个"我"字，未免太过宽泛，而且对于对我不甚了解的人来说，可能会认为我有卖弄吹牛皮之嫌，所以下面还是详细解释一番。

所谓的斜杠青年，指的就是拥有多重职业和身份的多元生活的人群。这其实是个舶来词，而之所以用"斜杠"来为这一群体命名，理由非常简单，因为在书写的时候，职业之间会用"/"隔开，比如，张三：网络构架师/绘画师/作家。

很多人都不理解，"斜杠"跟打零工、爱好等说法究竟有什么区别？凭什么做代购不能被叫斜杠，难道只有做医生、记者才能被叫斜杠吗？

一个人是否能被叫作斜杠青年，绝非用"拥有多重职业"便可一言概之。如果非要用一个特征来判断是否符合斜杠青年的特征，我觉得有一个词很适合：专业。

这就是在说，一定是你"非主业"的水平已经达到了专业或是接近专业的级别，这样你才可以把它放在斜杠后面，把自己称作斜杠青年。比如，你主业是一名高级程序员，与此同时，你把码代码的手速运用在弹钢琴上，以此顺利登上了维也纳金色大厅，并举办

了个人专场演奏会。这时,你就可以在程序员后边加一笔斜杠,把钢琴家写在后面,成为一名光荣的斜杠青年。而如果你对你的"非主业"通通都是略懂皮毛,一知半解,那么不好意思,你只能把它们当作爱好培养了。

这两年,斜杠青年在年轻人中越来越流行,流行起来的原因并不复杂。在这个普遍贩卖焦虑的社会,想要生存,拥有更大的发展空间,实现财富自由,甚至是阶层跨越,没有几技之长傍身是不行的。因此,越来越多的青年开始热衷于为自己打造多重身份。

备份定律就提到,"凡事都要有两手准备"。程序员编程的时候总会留有备份,体育赛场上总会有替补选手,因为没有人能够确保意外不会发生,当意外发生的时候,"备份"就起了作用。我想,现实生活中,应该没有几个人敢信誓旦旦地保证自己的未来一定是顺风顺水的,肯定会遇到大大小小的挫折,被辞退、创业失败等情况都有可能发生。未来无法预料,做两手准备、多手准备,才能有更多的选择余地,做斜杠青年的终极意义就在于此。没有意外的时候,做斜杠青年是多赚一份钱、丰富自己履历、提高竞争力的手段;而当意外发生的时候,斜杠青年的身份则是确保一个人不会被社会淘汰的救命良方。

当然,也不排除有些青年这么做完全是为了卖人设,让自己装得更高级、更有内涵。但因为是装的,所以他们所谓的"专业"不过是一纸空谈,一撕就烂。那么,对于想要进步的励志好青年来说,如何才能成功化身"斜杠青年"呢?

第五讲　有效奋斗，走上成功之路

其实方法步骤恺撒大帝已经教过了，即：我来，我见，我征服。放在这里，我觉得用"我选定了，我付出了，我实现了"更合适。是不是感觉方法特别易懂、操作相当简单？是不是已经摩拳擦掌、磨刀霍霍向猪羊了？

不好意思，不要着急，顶着锅盖提醒一句，我奉劝某些已经笑出声的同学们不要高兴得太早。因为你们当中很大一部分将要面临"还没开始，就已经结束"的尴尬场面。因为，想要拥有斜杠力的前提是，你在自己的"主业"里能玩儿得风生水起。也就是说，想要成为斜杠青年，前提是你在自己本专业、本职业已经是非常出色的人了。再说得直白一点就是：斜杠青年并不是随随便便什么人想当就能当的。

如果自身目前水平有限，但还没有放弃治疗的人，希望你们先去提高自己现有专业的水平。木桶定律指出："一只水桶能装多少水取决于它最短的那块木板。"因此，先把已有的木板加长箍紧，有了立身之本，才好做下一步行动。切勿操之过急，咱们来日方长，改日再约。

对于已经在某个专业或者领域站稳脚跟或者有了一定成绩的人，可以继续往下看。

我选定了。这里你要选定什么？不是啤酒配炸鸡还是烤串这种完全不需要大脑思考的问题。而是选一个你目前最想做而且可行性最高的一件事。可行性这点最关键，不能毫无边际地去想，比如说什么想去做演员。想法一定要切合实际，先想想自己有什么爱好，从爱好出发，根据自己的能力、时间，以及可以利用的资源等多方面去考虑，确定自己要在哪个领域发展。

我付出了。这点应该很好理解，选定自己想要拥有的技能之后，为之努力就行了。任何成功都是需要代价的，而且这代价只会大不会小，虽然到不了"轻则半身不遂，重则要了亲命"的地步，但是大量时间、金钱、精力的付出是基本。此外，还要有付出和收获不成正比的觉悟，毕竟成功与否，除了靠努力，还要靠运气。

我实现了。选定并且通过努力顺利点亮了新技能，似乎到这儿就可以大结局了。但是记住，学无止境，一个斜杠能帮助你成为斜杠青年，而多个斜杠加身，能带给你的不只是一个流行的称号，更多的是知识、眼界、阅历等多方面的提高，而这些东西是你能安身立命，甚至傲视群雄的资本。

最后，用一句改编的网红金句做结尾，原话是"愿你出走半生，归来仍是少年。"而我的希望则是：愿你勤奋数载，斜杠多到拿来卖。